Alucinações
Autobiográficas

Alucinações
Autobiográficas

/re.li.cá.rio/   Jocy de Oliveira

*Para meus descendentes, Eleazar, Elliot, Nicole, Gabriel,
Aurora e Lucas, e para meu companheiro, Fredrik*

9   Diálogo com Divas – por Luciana Medeiros

13   Minha mãe, – por Eleazar de Carvalho Filho

17   Habitação – por Sophia de Mello Breyner Andresen

19   Alucinações Autobiográficas

161   Legendas das imagens
165   Legendas dos QR Codes
167   Sobre a autora
169   Outras publicações da autora

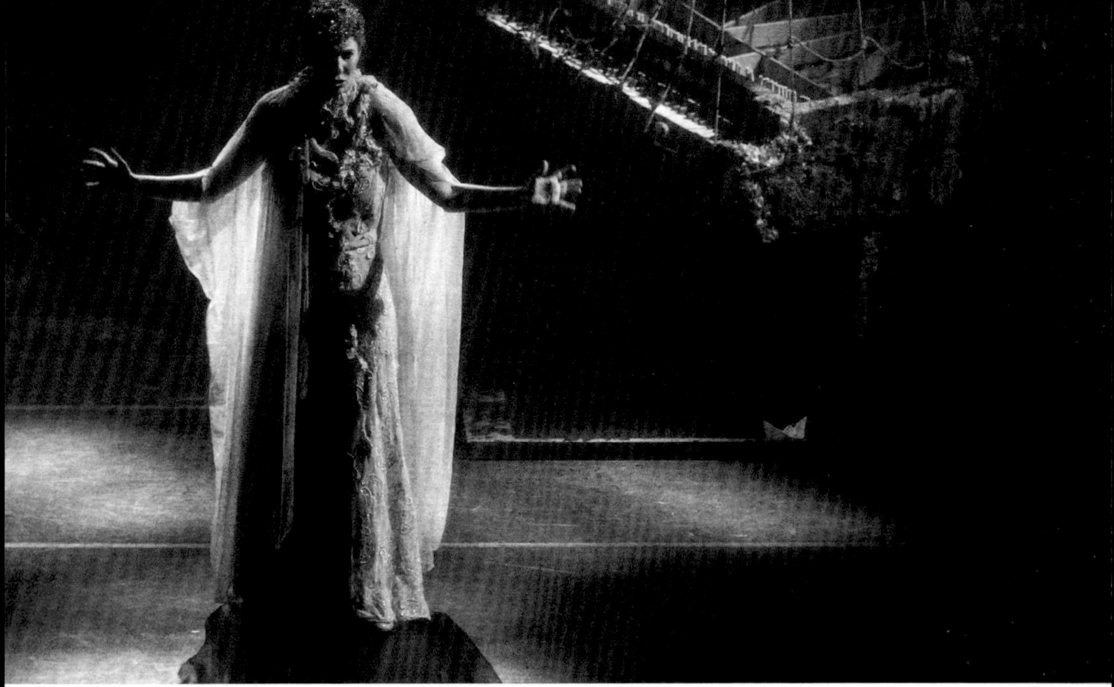

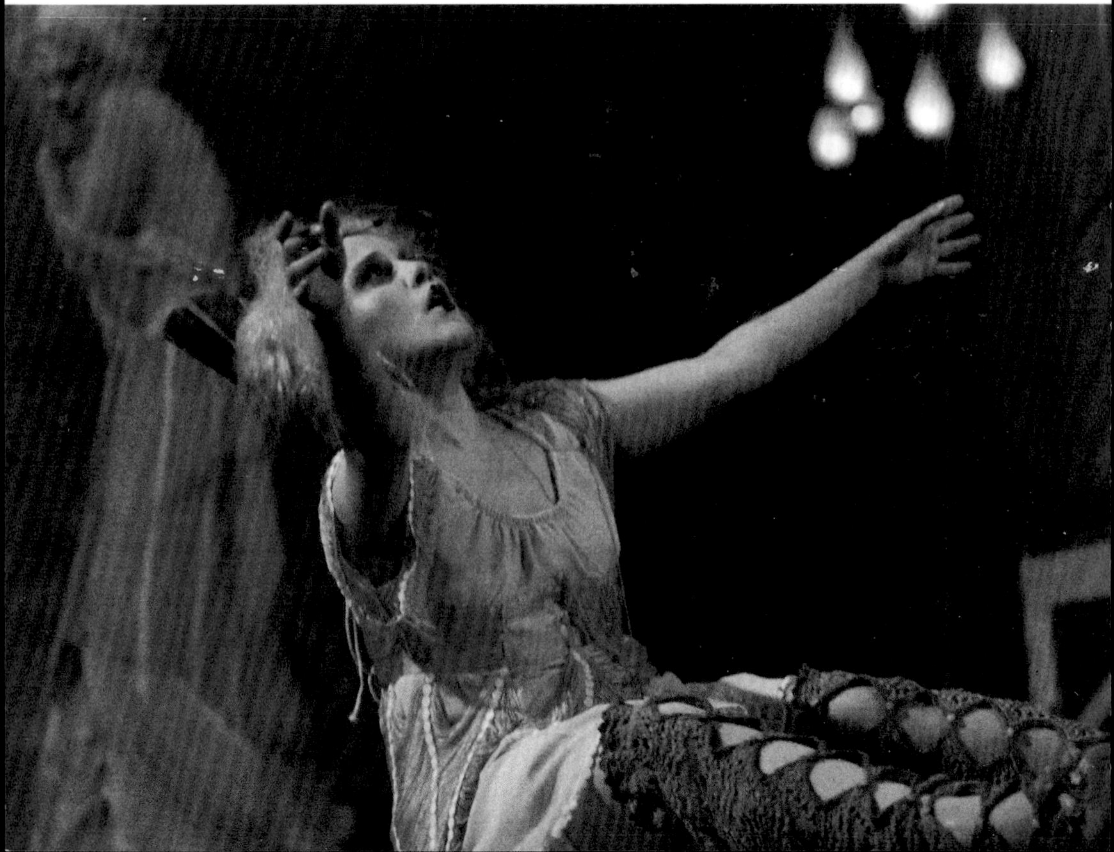

Diálogo com Divas
Por Luciana Medeiros

Pode uma narrativa ser, ao mesmo tempo, mágica e realista, memorialista e fruto da imaginação? Pois nessas *Alucinações autobiográficas*, Jocy de Oliveira faz um "bem-bolado" de histórias e estórias, como gosta de contrapor. E muitas vezes, ao longo dos 23 capítulos, volta ao assunto – "memória ou fabulação?"; "não se trata de fatos, o que importa são as sensações"; "como posso separar vida e arte?" –, enquanto conversa com suas interlocutoras privilegiadas: as personagens de suas óperas, em especial a mais recente, Mathilda Segalescu.

Mathilda protagoniza *Liquid Voices*, a ópera cinemática que ganhou o mundo, acumulando prêmios em festivais de cinema (aliás, "cinemático" é mais uma palavra ressignificada por Jocy...). Mas outras mulheres arquetípicas que povoam sua obra vão aparecer nas conversas entre criadora e criaturas.

Com habilidade, Jocy vai costurando nessas trocas as lembranças de infância e juventude. Volta às casas em que viveu, em Curitiba e São Paulo. Reencontra os sabores, os aromas e as sensações (correndo descalça na grama gelada de orvalho). Revisita os pais, o avô general, a avó afetuosa, a esquisita tia Otília. Ou seria tia Otília um produto de sua imaginação? Jocy não sabe.

E não importa. Tia Otília – "velha descabelada, desdentada, de chinelos, que fumava cigarro de palha e era olhada com espanto e desdém pela família", cuja "entrada era acompanhada pela espessa fumaça da cigarrilha e por roupas encardidas que anuviavam o ar de um cheiro animal" – poderia ser uma das personagens com quem Jocy conversa: "Eu ficava paralisada só de fantasiar que, a qualquer momento, ela podia se metamorfosear em uma loba!".

E a música, é claro. Aluna do pianista russo Joseph Kliass, já em São Paulo (e, mais tarde, da gloriosa Marguerite Long, em Paris), era moça de colégio religioso, tocava órgão nas cerimônias e tinha privilégios em função do talento musical desenvolvido pela mãe pianista. Ainda pré-adolescente, um dia, passa com mais duas amigas na frente de um bordel, onde mulheres à janela oferecem balas. Convidadas a entrar, presenciam estupefatas o espetáculo do sexo cru.

Algumas das passagens bordejam os relatos de seu *Diálogo com cartas* (Ed. SESI-SP, 2014), que ganhou o Prêmio Jabuti: o casamento com Eleazar de Carvalho, o tórrido relacionamento com Luciano Berio, a revolução da música eletrônica, da qual foi pioneira no Brasil, a convivência com outros gênios do século XX, de Stravinsky a Claudio Santoro. Mas aqui o tom é muito mais pessoal. É uma conversa entre amigos íntimos.

Entram na roda suas ideias e percepções sobre a própria vida profissional, o mundo machista da composição, a decisão inarredável de ser uma criadora – e não apenas uma intérprete – e as considerações sobre o mundo a que chegamos. "Nascemos, vocês e eu, em um país fascinante, abrangente, mas que realmente não reconhece sua cultura diversificada e só privilegia o que se enquadra no fácil retorno. A música é a mais prejudicada, porque as diferenças são mais sutis", diz.

Sobre a ópera, Jocy confessa a Mathilda: "Caçoei muito das suas companheiras – personagens como Tosca, Violetta, Mimi, Musetta, Butterfly e tantas outras fadadas a vítima ou à morte.

Sempre acreditei que isso era obra misógina sobre a fragilidade feminina". Ela alcança na memória sua precoce ligação musical com o Oriente, a Índia, o período medieval; descreve suas viagens, rememora seu simbólico piano submerso, que aparece em tantas obras, e volta aos tempos sombrios da ditadura militar. Tudo é muito claro: não se veem aqui as famosas papas na língua. Ou os panos quentes.

Jocy e suas divas, conjuradas para um banquete de lembranças, são singularíssimas e, ao mesmo tempo, falam a todos nós. São fato e delírio, história e ficção, oníricas e lúcidas. São uma vida desdobrada em muitas – origem e destino. E como diz Sophia de Mello Breyner na abertura deste livro, a perene poesia da casa de infância permanece, para criadores como Jocy, povoada por mortos e deuses.

Minha mãe,

Infelizmente, só li uma minuta do livro depois que você me deu um puxão de orelha. Eu não tinha ideia de que você já tinha desenvolvido tanto desde o primeiro capítulo que leu no Leblon, poucos meses atrás. É forte e, apesar de naturalmente autobiográfico, vejo menos como alucinações e mais como fragmentos sobre a origem dos seus personagens. Quando ouvi a primeira parte, e me pareceu irrelevante que fosse sonho ou realidade, entendi as "alucinações", mas agora entendo melhor a inspiração para a criação de tantas mulheres fortes.

Acho que você, sendo a nave que leva suas personagens, deveria colocar mais passagens de sua vida que serviram de inspiração. Além disso, apesar de falar do piano, você não fala sobre a razão que a levou a estudar. Pode ser óbvio pelo talento precoce, mas teve alguma outra razão além da vovó ou da flauta? Você sempre falou das faixas coloridas que precisava colocar no uniforme, isso tem alguma ligação com seus figurinos? De onde vem o fascínio com o Oriente Médio? A tal da cartomante contou algo que a marcou? E a viagem para a Rússia, você sempre falou muito nisso, tem alguma passagem para contar?

Entendo o peso do piano, mas não sei se entendi o que a fez deixá-lo de vez. Tem algo que conflitou com a criação? Você sempre compôs, mesmo quando concertista.

Eu gostei do andamento e das estórias. Ao lê-las, achei que não iria contar certas coisas que conhecia, mas você as inseriu depois. Acho que dá um belo livro e uma versão em áudio, que você própria deveria narrar. Poderia ser mais longo sem ser cansativo. As partes com descrições da sua vida são legais até mesmo para quem só conhece sua obra. Funciona bem você estar contando para a Mathilda.

Alguém que não conheça você pode dar algumas sugestões melhores. Gostei da parte em que você fala do Elliot no Irã. Deixa entrever a atemporalidade dos personagens e a sua própria. Nada termina, pois a memória é um fio que atravessa nossa existência.

Eu não sabia que você teve um aborto jovem, somente a perda da filha no hospital em Copacabana (me lembro de você ter falado isso). Quando foi? Também não sabia que o general tinha fugido com a cunhada! Quem era?

O fato é que esses fragmentos da sua infância devem ter impactado você a ponto de formar essas personagens fortes, todas mulheres, mas atordoadas por outros tempos e lugares. Os sonhos e pesadelos de criança não puderam concorrer com a profissão precocemente revelada. Talvez o lúdico para você tenha se revelado na mente criativa de uma jovem que brincava sozinha, mas também realizava suas fantasias no teatro e compondo. Você até hoje tem amigas dessa época que acompanharam suas obras e desde sempre admiraram você, mesmo (ou especialmente) sendo diferente delas. Sua vida é feita por mapas e partituras. Os mapas são muito além das dimensões que conseguimos ver ou imaginar, mas as partituras registram a sua história.

Lendo agora o epílogo sobre o qual você me contou depois de conversar com a Rosy, acho que o círculo está bem fechado. Alucinações, memória? Fragmentos continuarão vivos no inconsciente ou naquilo que contamos e lembramos. Até mesmo os personagens ficaram mais próximos, já vimos suas reencarnações ao longo dos anos através dos seus livros e apresentações. Os textos que você incluiu são muito poéticos, contam uma história paralela e, juntos, dão outro sentido à sua criação, na qual você e as mulheres que aparecem são uma. Aproveite para colocar o ano ao lado das reproduções dos textos. É incrível pensar nas décadas em que foram escritos.

Teu filho,
Elayman
19-05-2024

Habitação
Sophia de Mello Breyner Andresen

Muito antes do chalet
Antes do prédio
Antes mesmo da antiga
Casa bela e grave
Antes de solares palácios e castelos
No princípio
A casa foi sagrada —
Isto é habitada
Não só por homens e por vivos
Mas também pelos mortos e por deuses

Isso depois foi saqueado
Tudo foi reordenado e dividido
Caminhamos no trilho
De elaboradas percas

Porém a poesia permanece
Como se a divisão não tivesse acontecido
Permanece mesmo muito depois de varrido
O sussurro de tílias junto à casa de infância

1

Minha querida Mathilda Segalescu,

Você é uma de minhas personagens femininas que figuram em tantas de minhas dez óperas multimídias e cinemáticas, nas quais visei aos valores do feminino, ainda subestimados pela sociedade patriarcal de hoje.

Sempre me fascinou a figura da diva, tão bem espelhada por você, Mathilda, porém explorada e usada pelo mercado e pelo público como a diva fadada a vítima ou à morte na ópera tradicional. Apesar de esse tipo de ópera nunca ter me interessado, sempre me intrigou a trágica história dessa mulher que não foge ao rito da morte.

Ao longo de meu percurso, procurei por uma reformulação do conceito operístico, pesquisando novos formatos, novos estímulos, visando a um público ativo em lugar da passividade promovida pelos grandes teatros de ópera.

Minhas queridas personagens: Mathilda Segalescu, Daniela, Fata Morgana, Prostituta sagrada, La Loba, Mulher dos cabelos dourados, Naked Diva, As Malibrans, Medea, Desdêmona, Ofélia, Flor, entre outras. Vocês nasceram programadas por mim, porque minhas óperas foram sempre autorais. Sim, porque uma personagem é programada para o seu papel e conhece somente a sua trajetória. Alas! Nós também nascemos com marcadores genéticos, cromossomos, memórias, mas mesmo assim ainda nos resta o imprevisível, o indecifrável, o desconhecido e, até um certo limite, a escolha. Enquanto vocês, pobres personagens, somente devem seguir o aplicativo, que muitas vezes não foi nem bem programado...

Migrei do longo diálogo com minhas intérpretes, que atravessam o tempo, para minhas personagens, que se mantêm intactas ao longo do tempo. Mas será que vocês se mantêm intactas?

O ouvinte de hoje não é o ouvinte da década de 1960, cheio de indagações, curiosidades, perplexidades... E, afinal, vocês só existem se alguém acordá-las, ouvi-las, assisti-las... E o ouvinte está se tornando preguiçoso, passivo, alienado, grudado no celular... Eu não quero que vocês sejam conhecidas somente por meio dessa geringonça que achata, que comprime a imagem e o som. Mas a audição e a percepção do ouvinte estão se transformando. Que pensarão as Medeas eternas, que vivem em todas as mulheres, sejam elas de hoje ou de ontem?

Para mim, muitas de vocês nasceram de um sopro mítico, mas outras, como você, minha Mathilda Segalescu, criada em 2019, não foram extraídas de nenhum livro. Você, Mathilda, é puramente ficcional. Mas nasceu predestinada a continuar sua carreira internacional e como diva na ópera cinemática... e Liquid Voices foi logo arrebatando prêmios em festivais de cinema na Europa.

Porém, você veio para me desafiar a contar uma história e a aceitar o desfecho da morte, o que tenho evitado por décadas, sempre preferindo a anti-história, a narrativa labiríntica, não linear.

Caçoei muito das suas companheiras – personagens como Tosca, Violetta, Mimi, Musetta, Butterfly e tantas outras fadadas a vítima ou à morte. Sempre acreditei que isso era obra misógina sobre a fragilidade feminina.

E mesmo assim, você, Mathilda, veio a mim, predestinada a morrer como uma diva refugiada, embora heroica. Em 1941, você e seu único companheiro de vida, o piano, sobem ao convés do *Struma*. Veja bem, embarquei você em um fato, um navio avariado com destino à Palestina, que naufraga no Mar Negro com cerca de 791 passageiros judeus. O único sobrevivente é o piano. Carregado pela correnteza, ele foi descoberto por um pescador árabe anos mais tarde, na costa de Şile, na Turquia. O restante da história você conhece – a sedução que seu espectro exerceu sobre o pobre pescador.

Mas deixe-me te contar sobre suas antigas companheiras, aquelas que criei desde o início de 1960. Bem antes de você ter vida, nasceu a personagem ficcional Daniela, em *Apague meu spotlight*. Depois da gestação de alguns anos, chegou a vez de *Fata Morgana* – ópera mágica que representa uma coleção de sonhos, de imagens do inconsciente. O ponto de partida é a "bolha", simbolizando o nascer, o renascer; a bolha de espaço-tempo. Mais adiante te explico melhor sobre essa ópera e a história que envolveu sua criação.

Pouco a pouco surgiu a Prostituta sagrada – nem sei bem como ela se apoderou de mim –, que me levou a muita pesquisa e ao sul da Índia e ao Nepal à sua procura. Através do imaginário feminino, do ponto de vista mítico, e em uma tarde dourada sobre os contornos de Katmandu, vi surgir Kumari em uma janela do palácio. Era carregada para não profanar seus pés pequenos no piso pisado por outros... Ela torna-se um resquício de carne e osso do mito da prostituta sagrada em *Inori*.

E meu perambular pensante me levou a *Illud Tempus* – o tempo de agora e de sempre da mulher ancestral que levamos a Berlim, no *Haus der Kulturen der Welt*. Hoje, ao longo do meu processo de construir essa narrativa tecida de estórias e fábulas, vocês encontrarão claramente a gênese de *Illud Tempus* na minha infância.

Seguiram-se muitas óperas e personagens que te antecederam, cara Mathilda. Acho que você se interessará muito por *As Malibrans*, que traz à tona o papel da mulher-personagem na ópera, enfocando o lado soturno da diva, e principalmente pela *Naked Diva*, que precede você e que teve seu primeiro sopro no *Staatstheater Darmstadt*, em 2000.

Em seguida, o *Dresdner Tage der zeitgenössischen Musik* me fez uma encomenda, e assim surge a Medea que sempre habitou algum reduto sombrio, mas heroico, da minha imaginação. Ela estava lá, latente e viva, esperando sua vez de chegar com toda a pujança e força de sua presença de mulher imigrante e discriminada, em *Kseni – A estrangeira*. E ela conclama com todo o seu vigor:

E para aqueles que vêm depois de mim, eu digo:
Ai de quem me julgar e
de quem sentir o peso da tragédia
de se tornar autora de seu próprio destino...
Porque só eu
sou Medea!

Medea Ballade,
em *Kseni – A estrangeira*,
segmento da ópera.

Mas depois, que ousadia! Eu própria me tornei personagem em *Revisitando Stravinsky* e *Berio sem censura*. Acho que estava cansada de discutir com vocês sobre como abordá-las. Vocês são muito exigentes e caprichosas. Achei que seria mais fácil lidar comigo mesma. Mas alas! Não me dei conta de que estaria presa na história (isso, história, e não estória), o que se torna uma implacável amarra. Sei que a memória pode se perder em labirintos e criar duplos que nos confundem, mas tanto tem sido escrito que hoje é tarde para tomar atalhos.

E, então, é que ocorreu a grande virada: esgotei o palco e resolvi migrar para o cinema. Vocês estão pasmas? Não, desde criança, eu sonhei com o cinema e principalmente um cinema abrangente, em que o roteiro e a música dialogam, complementam-se, acentuam-se, enfim, com a criação de uma ópera cinemática (palavra refutada por muitos, mas ao que parece está sendo agora aceita).

Querida amiga, confesso-lhe que sou incorrigível e estou outra vez às voltas com alguns temas recorrentes, como a diva, um piano (sempre emblemático na minha vida), fantasmas, vampiros e, de novo, abordando a intersemiose do teatro, do cinema e da música para uma nova ópera teatral e cinemática. Observe em meu roteiro de *Liquid Voices* que você, Mathilda, estará lá, com sua imagem eternizada.

Mas logo após *Liquid Voices*, em tempos de covid-19, nasceu a Flor. Essa personagem não é minha, é da Adriana Lisboa, que escreveu um romance-poema sobre minha obra, e eu, muito metida, resolvi adaptá-lo livremente para outro longa no formato de ópera cinemática – *Realejo de vida e morte*. Mas será que a Flor não é uma mistura da Adriana e de mim? Nunca saberemos, porque Flor é personalíssima e teima em ter uma identidade própria.

Ela é a única que sofre uma gestação que se alonga e que só lhe deu um registro em livro. Mas isso não é suficiente. Ela precisa ter sua imagem e sua voz dirigidas ao espectador. Ela precisa tomar corpo, ela me atormenta porque quer ter a vida que ainda não consegui dar a ela. E o tempo está se esvaindo... E não quero me alongar mais.

Mathilda, continue sempre seu canto de onde quer que você esteja e não deixe que me esqueçam. Afinal, você é a única que existe na telona.

2

Bom dia, Mathilda,

Hoje acordei pensando em te contar um pouco da minha história/estória. Nem sei se isso representa minha realidade. O que me atrai é te contar sobre alucinações autobiográficas, fábulas ou mesmo sobre quintais de minha infância, recheados de figuras de cera que nunca cheguei bem a conhecer, mas que compunham um cenário muitas vezes insólito e solitário, já que meu mundo infantil não tinha companheiros.

Quando criança, vivia um tanto perdida em um mundo de adultos. Por isso, escolho lhe passar memórias de minhas impressões da infância. Não se trata de fatos, o que importa são as sensações, a percepção de momentos fugazes, quando talvez vocês já estivessem embrionárias em meio aos meus personagens que me rodeavam e eu não podia reconhecer...

Talvez você esteja pensando que eu já tenha contado suficientes estórias e antiestórias, publicando-as, inclusive, em livros, a exemplo de *Dias e caminhos, seus mapas e partituras* e *Diálogo com cartas*... Mas você está se confundindo. Nesses livros, eu falo de recortes da minha vivência artística, das minhas peças multimídias (que editores de música não publicariam) e de encontros históricos e marcantes na minha vida, reconstruídos por meio de cartas e memórias. Nunca te contei, por exemplo, sobre a memória de meus entressonhos. Aquela memória já esvanecida pelo tempo, que se vai longe, de quando eu era inocente e sobre a qual já não se sabe bem se é memória ou fabulação...

Lembranças de infância em Curitiba que me remetem ao sabor da paçoca sendo socada pela Nega Sebastiana (com mais de 100 anos, alforriada por algum dos meus ancestres), na casa de tios que não pareciam se envergonhar do passado escravocrata.

Remetem-me ao gosto e à cor do capilé, um refresco grená feito de xarope de folhas de avenca e água de flor de laranjeira que uma vizinha, Karen, uma linda moça alemã, oferecia-me com cuca de banana (o bolo alemão *kuchen*, feito com fermento biológico, farofa e banana). Aos ovos nevados e ao amor em pedaços feitos pelas mãos amorosas de minha avó, e ao leite queimado que ela me dava quando estava gripada...

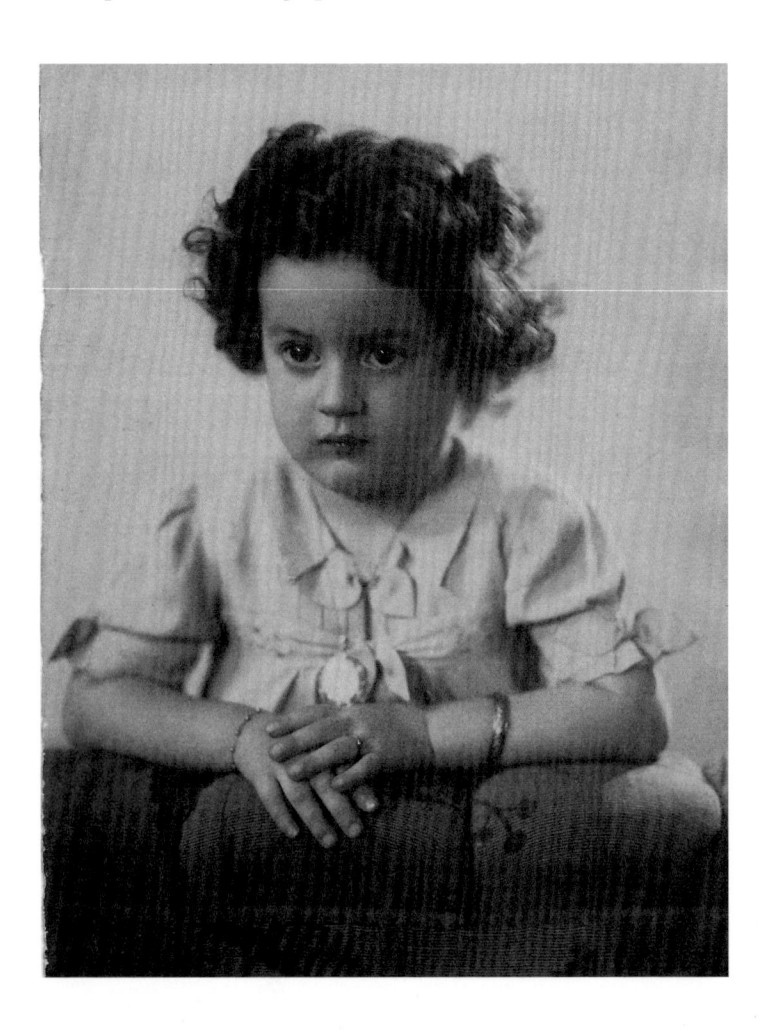

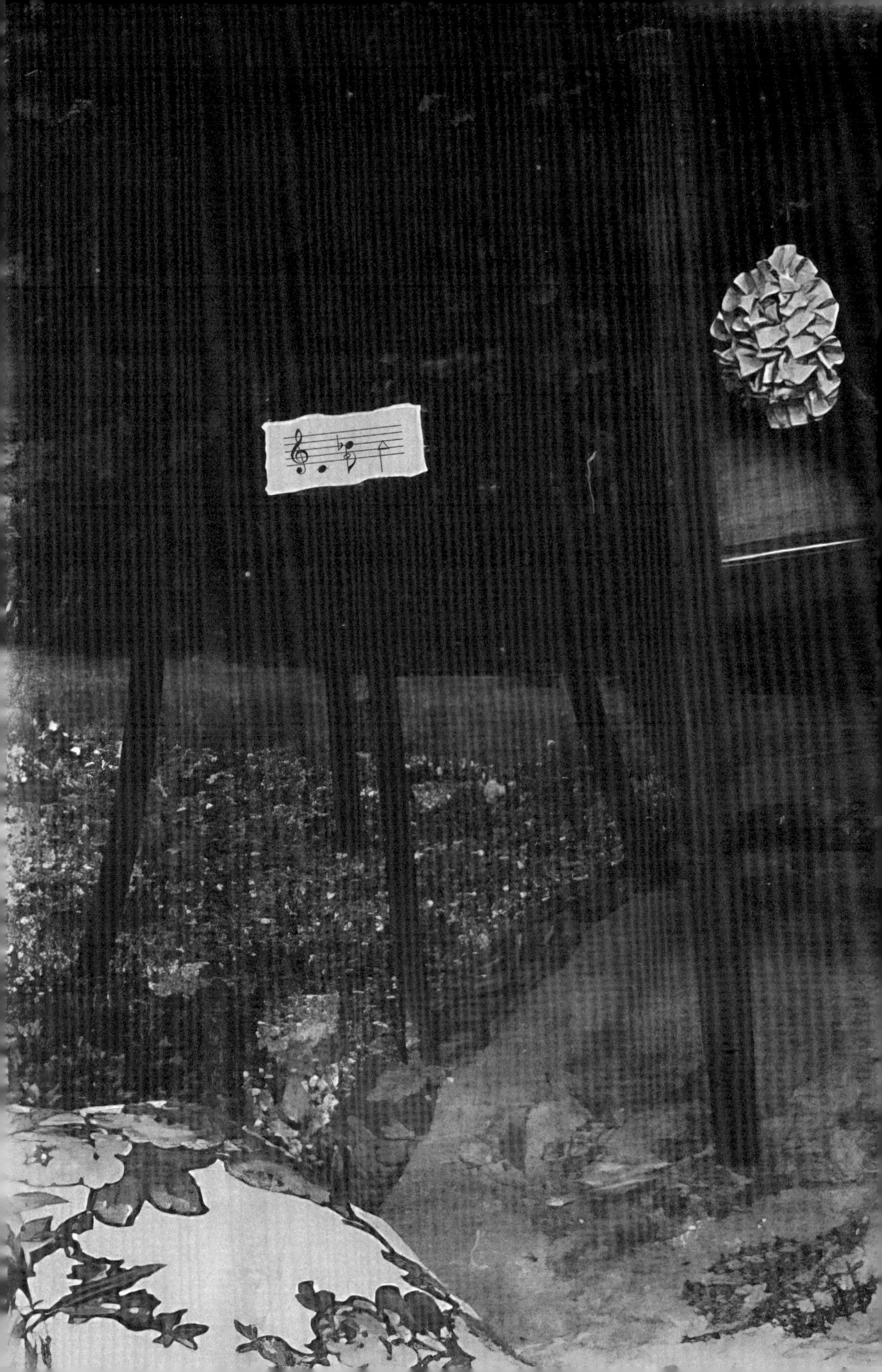

3

Foi no sul deste país, em Curitiba, quando em abril já se fazia frio. Nasci na rua Aquidabã, atual Emiliano Perneta, em um casarão antigo incrustado em imenso terreno, velado pela sombra das árvores que encobria labirintos proibidos, abissais para meus olhos de criança. Era a casa de minha bisavó e meu bisavô desembargador, já morto quando nasci.

Nunca tive permissão de explorar o interior da casa, com seus inúmeros quartos noturnos e misteriosos, de teto alto e móveis escuros, onde se sentavam alguns personagens dignos de se misturarem ao cortejo fantasmal de vocês, minhas queridas personagens. A maioria era formal e não deixava traços marcantes que lhes permitissem ser comparados a vocês.

Minha bisavó (dizem que tinha algo de feminista) tocava flauta e vivia escrevendo sobre mitologia grega. Mais tarde, cheguei a ver seus cadernos preenchidos de uma caligrafia primorosa que parecia desenhada a nanquim.

Sua filha, minha avó Yaya, foi uma das pessoas que mais amei na vida. Era a personificação da empatia, da compaixão, da aceitação. Não se iludia com falso moralismo, não demonstrava nenhum preconceito moral, religioso ou político. Não julgava ninguém, apesar de viver a vida vítima de seu marido algoz – um general de quatro estrelas e com todos os cursos do estado-maior.

Durante um fim de semana em que minha avó viajou conosco para Paranaguá, ele a abandonou, fugindo com a cunhada e levando todos os pertences da casa. Ao voltar, minha avó encontrou uma mansão vazia. O general havia provocado um estrago com a sedução da cunhada, deixando desamparados minha avó e meu tio-avô, reduzidos a adereços nas cadeiras austríacas da sala de minha bisavó. Minha mãe nunca o perdoou.

Lembro bem que eu tinha uns três anos e estava brincando no jardim de nossa casa quando ele apareceu no portão e me chamou. Era um homem bonito e com uma estatura imponente, que cresci renegando. Eu choramingava e repetia que ele havia abandonado minha avó, deixando-a somente com alguns cacos. E essa foi a última vez que o vi. Mas o lamento e o vagar de minha avó pelos cômodos vazios ficaram comigo.

Voltando, queridas personagens, vocês ficarão curiosas ao saber que tive um tataravô músico, Francisco Pletz – um alemão que compôs e escreveu música a qual se perdeu ao longo do tempo. Acredito, Mathilda, que exista alguma razão para o chamado que permitiu a ele penetrar no meu caminho. Talvez quisesse participar da criação de algumas de vocês...

Quando minha avó Yaya me contou essa história, o que senti foi muito além de curiosidade. Eu me senti completamente atraída por essa memória longínqua. Talvez ele surgisse como um sopro para enfim ouvir a música que não escreveu. Minha avó percebeu a energia que pairava no ar e foi visitar o dono do Museu David Carneiro, em Curitiba. Lá estava o raro retrato dele pintado a óleo sobre placa de cobre. Um método curioso usado principalmente em miniaturas na Europa entre os séculos XVI e XVIII. Minha avó negociou habilmente a volta do quadro para a família com o destino de morar em minha casa enquanto eu vivesse e nossa sintonia musical perdurasse. Foi um presente!

Assim que olhei para o quadro e conheci meu tataravô, senti um carinho pelo simpático barbicha que está até hoje do meu lado. Às vezes, chego a pensar que ele próprio escolheu o caminho de vir morar comigo.

Anos mais tarde, o Museu David Carneiro foi incendiado e sobraram algumas peças divididas por outros espaços de arte do Paraná.

Mathilda, essa cena é especial para minhas personagens. Imagine uma de vocês cantando entre as figuras de minha infância na casa da minha bisavó! Qual personagem poderia fazer parte dessa marcação? Creio que uma protagonista surreal e um tanto trágica – a *Naked Diva*. Ela nasceu um misto de *Malibran* e *La Stilla*, a personagem que Júlio Verne cria e recria em três dimensões. Vocês podem imaginar a reação de meus ancestres visitados pelo espectro da Maria Malibran?

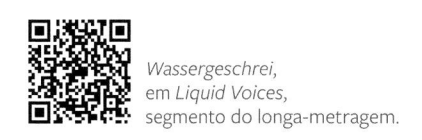

Wassergeschrei,
em *Liquid Voices,*
segmento do longa-metragem.

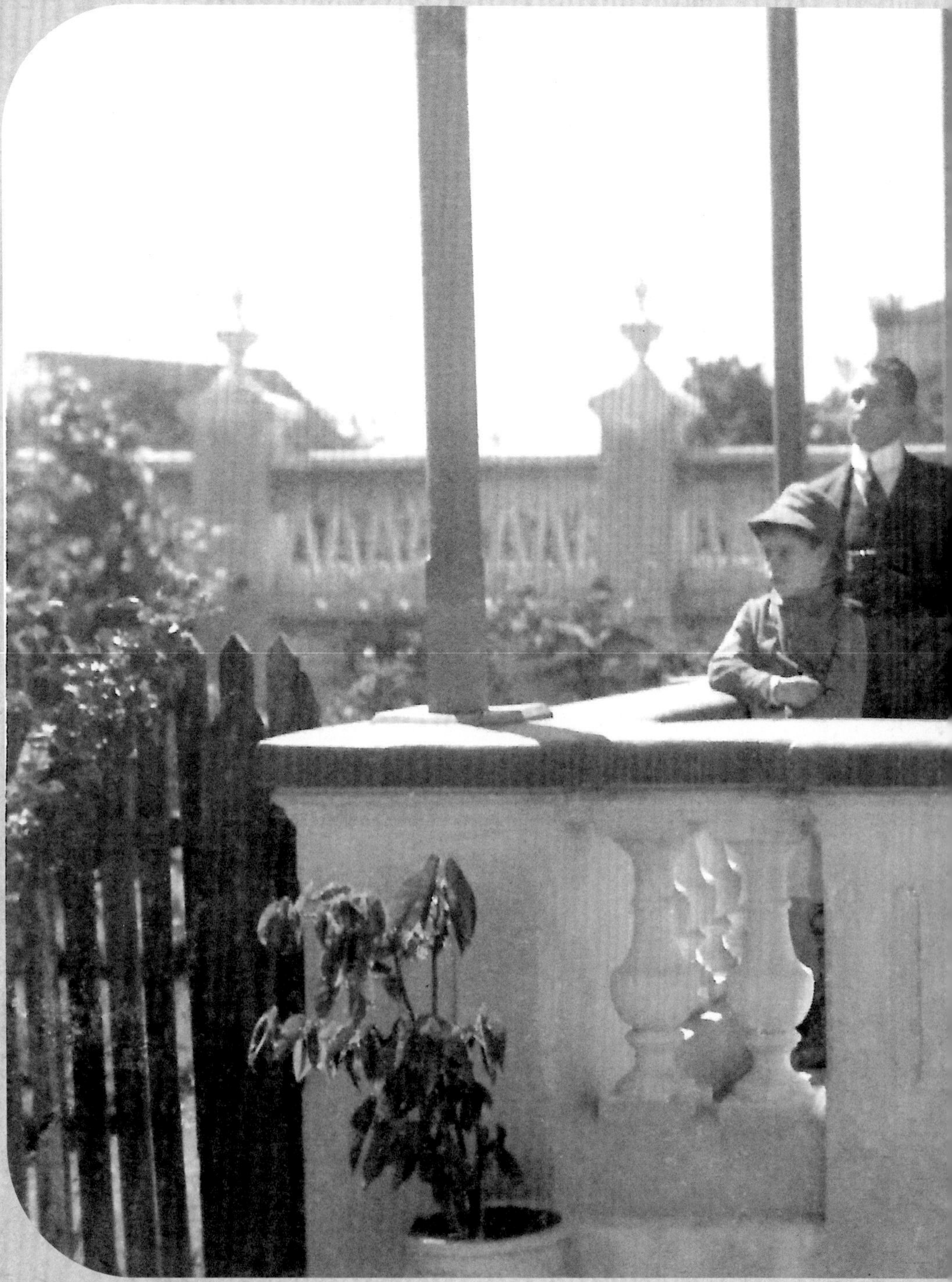

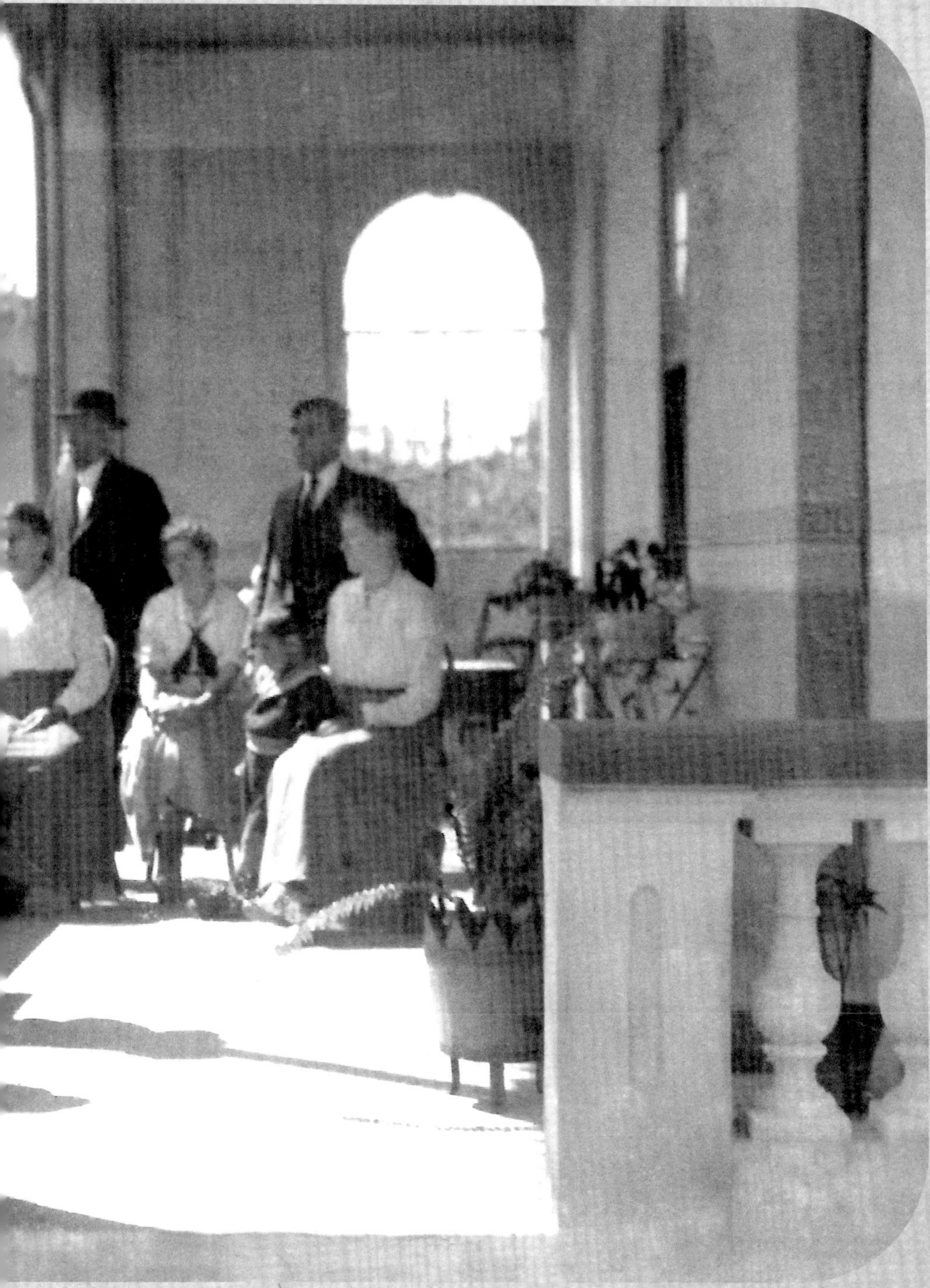

4

E voltando ao meu nascimento, minha mãe não quis me ter em uma maternidade e escondeu-se na casa de minha bisavó para ter um parto que precisou de fórceps, ferindo meu olho esquerdo e me deixando com 50% de visão nessa vista. Mas aparentemente, depois de uma gravidez difícil, ela, ainda jovem, não estava preparada para uma gestação. Muitos anos mais tarde, e já próxima de sua morte, ela me disse que durante a minha espera pensou em abortar, mas mesmo assim eu nasci.

Reconheço que não tem sido fácil o trilhar de caminhos solitários. Algumas de vocês também tiveram um nascimento difícil, inclusive precisaram nascer na Alemanha (*As Malibrans*, *Medea* e, de certo modo, também *Illud Tempus*), porque o meio cultural brasileiro não nos ofereceu condições. Só pudemos apresentar uma produção completa aqui posteriormente à estreia na Alemanha.

Nascemos em um país fascinante, abrangente, mas que realmente não reconhece sua cultura diversificada e só privilegia o que se enquadra no fácil retorno. A música é a mais prejudicada, porque as diferenças são mais sutis. Música clássica, de invenção, cinema de arte, experimentalismo, música-teatro, ópera multimídia, ópera cinemática, todas elas se tornam manifestações artísticas excluídas, com pouco ou nenhum apoio do poder público. O apoio público nos nossos dias é mais voltado para o social, visando a minorias nos campos de gênero, raça, sexualidade, necessidades especiais, o que é muito importante, mas não abarca o país em sua totalidade no que tange à arte como conteúdo, estética. E o artista/criador continua minoria e discriminado. No entanto, também representamos uma força criadora na sociedade.

Hoje é muito comum, sobretudo no meio acadêmico, a discussão sobre colonizado e descolonizado, o que mais me parece um debate xenofóbico. Na miopia desse ângulo, música erudita torna-se música europeia. E lá se vão séculos de nossa rica história musical, desde um Padre José Maurício (para não recuarmos mais no tempo) aos nossos dias. Mas nossas raízes antropofágicas, como dizia Mário de Andrade, vão aos povos indígenas, à vinda dos africanos e à colonização portuguesa. Logo, dessa mixagem é que surge a nossa música e suas vertentes.

Em geral, aqui se acredita mais na cópia do que na invenção. Tudo precisa ter sido testado no Hemisfério Norte. Isso sim: uma síndrome de colonizados.

Vocês devem estar pensando: o que tem a ver isso tudo com memórias de quintais da infância? Mas o que sou hoje é resultado de uma vida, da passagem por esses quintais. E o que sou é o que penso. Minha vida tem sido focada no meu ofício da música, logo, é vital refletir sobre o que está acontecendo com a criação musical em nosso país. Além disso, queridas companheiras, não me propus a lhes contar minha vida adulta, porque muito dela vocês já conhecem pela própria história de vocês, que têm me acompanhado sempre.

Minhas companheiras personagens, é difícil para entenderem isso, porque vocês são teoricamente imortais, mas no início de minha trajetória como compositora, em 1960, o preconceito era também etário. Como acreditar em uma jovem mulher de 20 anos sozinha em um universo masculino misógino, paternalista, chauvinista? Naquela época tive que ter a parceria de um italiano machista para que palcos como os do Theatro Municipal do Rio de Janeiro e de São Paulo nos abrissem suas portas, em setembro de 1961. Assim nasceu minha personagem Daniela, em *Apague meu spotlight*, com música eletrônica em parceria com Luciano Berio. Vejam bem, digo parceria. Hoje tenho autoconfiança suficiente para esclarecer o fato. Levei anos deixando passar o crédito da música eletrônica só para ele, e eu ficava com a concepção e a dramaturgia. Mas a concepção dramatúrgica era a origem da obra e implicava diálogos com vozes eletrônicas. Entretanto, a história se repete ao menos desde o século XIX, em que Clara Schumann doou sua autoria musical para seu marido, Robert Schumann, e Fanny Mendelssohn, para seu irmão Felix Mendelssohn. Ambos aceitaram de bom grado, mas sabe-se lá o tipo de pressão que elas sofreram.

A verdade é que o próprio Berio reconhecia que a ideia de *Apague meu spotlight*, o conceito, foram meus. O formato e a estrutura seguiram meu roteiro, as gravações das vozes se deram sob minha direção, assim como foi minha a edição na Rádio MEC, além do trabalho de finalização em conjunto.

Mas ele era um "papa" da música eletrônica, e eu, muito jovem e estreante.

O diretor de cena e cenógrafo italiano Gianni Ratto foi também uma pessoa machista, mas que respeitou e seguiu meu texto. Meu roteiro publicado especificava claramente detalhes quanto ao cenário. Hoje, diria que *Apague meu spotlight* já era uma ópera, embora com diálogos, presencial e virtualmente, eletrônicos. Minha personagem Daniela nasceu corporificada por Fernanda Montenegro, que a encarnou e demonstrou plena consciência do que aquele espetáculo com música eletrônica representava de pioneirismo para o Brasil, e muito me apoiou ao longo desses anos, dando vários depoimentos e participando de outras de minhas óperas – *As Malibrans* e *Berio sem censura*.

Cara Mathilda, em 1960 não existia no Brasil música eletrônica e não se falava em ópera do século XX (afora Carlos Gomes, que escreveu ópera italiana do século XIX).

Você acredita que alguns compositores homens ainda insistem que naquele período já existia música eletrônica no Brasil? Mas quem a ouviu? Onde foi executada? Algum periódico a noticiou? Existem programas? Que se tenha registro, não! Além do quê, na época, o Maestro Eleazar de Carvalho e eu fizemos uma cuidadosa pesquisa no Rio de Janeiro, em São Paulo e Salvador (com a ajuda de Hans-Joachim Koellreutter, que na época morava na Bahia) procurando peças eletroacústicas de autores brasileiros. Não encontramos nenhuma.

Logo que me casei com o Maestro Eleazar de Carvalho, em fins de 1954, passamos meses com o genial arquiteto/inventor Flávio de Carvalho, subindo e descendo as montanhas do Vale do Paraíba. Procurávamos o lugar perfeito para a concepção de um arrojado e monumental projeto arquitetônico que desse origem a uma universidade internacional de música, artes cênicas e artes plásticas, onde figuraria um edifício inteiro dedicado à pesquisa, com estúdios para a música eletrônica. Nada disso existia no Brasil e, nessa dimensão, nem no mundo. O projeto, como tantos por aqui, não se realizou por falta de apoio e recursos financeiros.

A verdade é que no país não existia nenhum equipamento eletrônico, muito menos para a difusão em algum teatro. Para a apresentação de *Apague meu spotlight*, tanto no Rio quanto em São Paulo, tivemos que conseguir o apoio da Philips para importar da Holanda o equipamento pioneiro que tinha sido destinado à Expo de Bruxelas! Ao ouvir, Berio ficou abismado com o resultado sonoro das oito caixas espacializadas em volta do público.

Mas, minhas queridas companheiras, a verdade é que *Apague meu spotlight* foi vastamente documentada, embora a crítica tenha sido controvertida e muitos tenham se mostrado chocados. Exceções foram o idealista editor Massao Ohno, que publicou meu roteiro; a jornalista Helena Silveira, que abordou a peça na *Folha de São Paulo*; a crítica musical D'Or (Ondina Ribeiro Dantas), no *Diário de Notícias* (Rio de Janeiro), assim como a revista da Unesco, que publicou uma matéria entusiástica, e Roger Plançon, que nos convidou para apresentar a peça no *Théâtre des Nations*, em Paris. O restante (inúmeros artigos) foram alguns hilários e muitos deles depreciativos, inclusive o da Barbara Heliodora, que se mostrou absolutamente perdida! Flávio de Carvalho, ao assistir ao espetáculo na Bienal de São Paulo, disse: "guarde as críticas ruins, porque elas representam a mediocridade da época".

O Brasil ainda não tinha nem mesmo descoberto o movimento feminista (com exceções). Hoje o preconceito perdura, mas o feminismo tornou-se politicamente correto e nossas vozes são um pouco mais ouvidas.

Apague meu spotlight, em *Berio sem censura*, segmento em música-vídeo.

O interessante é que ninguém mencionou o fato de a criadora ser uma mulher!

5

Quem era Otília?

Voltem comigo para a penumbra perfumada de jasmim, para a sala de visitas no casarão de minha bisavó. Apesar da minha tenra idade, até hoje tenho muita curiosidade de saber sobre uma mulher velha descabelada, desdentada, de chinelos, que fumava cigarro de palha e era olhada com espanto e desdém pela família sentada de pernas cruzadas. Sua entrada era acompanhada pela espessa fumaça da cigarrilha e por roupas encardidas que anuviavam o ar de um cheiro animal.

Era tia Otília que se sentava de pernas abertas e nem notava o espanto ao seu redor. Seu gargalhar ecoava no silêncio e provocava estranhamento. De onde viria ela? De um teatro bufo? De alguma morada em outra dimensão? Da imaginação? Para onde iria?

Eu ficava paralisada só de fantasiar que, a qualquer momento, ela podia se metamorfosear em uma loba! Devia ser irmã de alguém, mas não creio que fosse minha tia-bisavó.

Nunca consegui descobrir algo concreto sobre ela. Na nossa genealogia não figura seu nome.

Minha família cultivava alguns tabus. Ela também era da família, embora ninguém a reconhecesse. E também parece que seu repertório pornográfico era censurado pelos familiares. Ela nunca me enxergou. Melhor assim... diziam que ela não tomava banho, e eu morria de medo de que me passasse piolhos...

E eu escapulia para me perder no quintal, sem nunca chegar ao seu fundo abissal, onde, segundo me contavam, havia a morada de um animal pré-histórico chamado Uberabatitan. Uma vez, cheguei ao limiar e vi uma sombra gigantesca acompanhada de uma voz interna que me dizia: "não transpasse seu limite!".

Não sei o que me impressionava mais, os seres de dentro do casarão ou do fundo do quintal...

Anos mais tarde, perguntei à minha mãe:
– Quem era Otília?

Ela respondeu:
– Otília? Não sei.

Quem sabe tenha sido a primeira transgressora que passou pelos quintais da minha infância?!?

No mesmo casarão, também existia outro personagem que me arrepiava só de pensar... um homem velho, que ficava o dia todo imóvel em uma cadeira de balanço. Não falava nem uma palavra, e a família dizia que era melancolia. Parecia um pouco o Humphrey Bogart, mas era o tio Hamilton, irmão de minha avó materna. Esse dava para identificar. Eu nunca ouvi sua voz, mas dizem que era historiador e falava ao ensinar minha prima, estudante universitária de História.

E eu passava correndo com medo de que ele me pegasse, como o silencioso tigre-dente-de-sabre!

Um dia, estava na varanda conjecturando o que aconteceria se tivesse coragem de me embrenhar pelo matagal coberto de árvores, até me perderem de vista. O que teria lá no fundo? Moraria algum ser ancestral e desconhecido? Diziam-me que nunca ousasse me perder por lá.

Voltei correndo para a sala, que também não era ensolarada, mas na meia obscuridade entrava uma réstia de sol da tarde iluminando o tio Hamilton, que soluçava e chorava, um choro baixinho que pulsava das entranhas. Em volta, todos sentados em posições corretas e imóveis como personagens de cera. Às vezes, um deixava escapar uma lágrima... Naquele instante, senti por ele quase uma ternura.

Foi quando tomei conhecimento da existência da morte por meio das carpideiras que velavam a memória de minha bisavó atropelada por um bonde na esquina da casa.

Para onde
foi o corpo
de minha bisavó?

Ninguém
me respondia.

6

Logo fui retirada da cena da morte de minha bisavó e levada para a casa de uma tia de quem eu gostava muito. Passei o dia imaginando o que havia acontecido com o corpo de minha bisavó, enquanto minha tia me ensinava a fazer pompons de lã e me dava um lanchinho que subia da cozinha no pequeno elevador só para comida.

Não sabendo mais como distrair uma criança de 5 anos, minha tia me levou para brincar com os potes de geleia de que eu tanto gostava. Do lado da cozinha, tão espaçosa que parecia de hotel, havia uma despensa recheada desses potes de geleias e compotas feitas em casa, com as frutas do pomar. Eu curtia experimentar o gosto das frutas, e isso me levava ao sabor dos deuses do creme de fava de baunilha derramado na torta úmida de tâmaras com abricó e avelã, que era feita na época de Natal.

A casa da tia também era assombrada pela morte, e eu não gostava de ficar sozinha no segundo andar, onde a porta de um dos quartos estava sempre trancada. Ninguém entrava lá. Era o quarto de sua filha, que morreu ainda menina de nó nas tripas. E me dava frio na barriga só de pensar. Mas ninguém me falou de sua morte. Entrou no rol dos tabus.

E eu continuei no meu mundo solitário de perguntas sem respostas.

Na casa desses tios, a antevéspera de Natal era uma grande agitação. A cena que me impressionava era acompanhar no quintal o ritual dos perus sendo embebedados e rodopiando como dervixes, até caírem de cansaço, prontos para serem pendurados com o pescoço torcido.

A cerimônia da morte do peru continuava com as injeções de conhaque, que estufavam seu peito para amaciar a carne. Dia seguinte, véspera de Natal, na mesa arrumada para a ceia, sobre a toalha de renda de Milão, depois da interminável leitura do Novo Testamento pela voz do tio Bispo, era a vez da cena principal. Com pompa e cerimonial, entrava o cortejo dos perus, cada um com sua crista e crosta torradinhas e douradas; vinham emoldurados por fios de ovos, recheados com farofa de miúdos e frutas secas. Além deles, havia muito champanhe e as famosas tortas de nozes, que demoravam a chegar para fazer minha alegria – a essa altura eu já estava com os olhos vermelhos de tanto sono.

Ainda me lembro do torpor de homens que exibiam a gordura dos bem-sucedidos, embebedados e sonolentos, a borrifar charutos entre licores digestivos. Enquanto isso, as mulheres teciam fofocas e lamúrias em outra sala.

Estranho, mas não me lembro de crianças no Natal!

Não me lembro da alegria do Natal!

Nem mesmo quando adolescente!

7

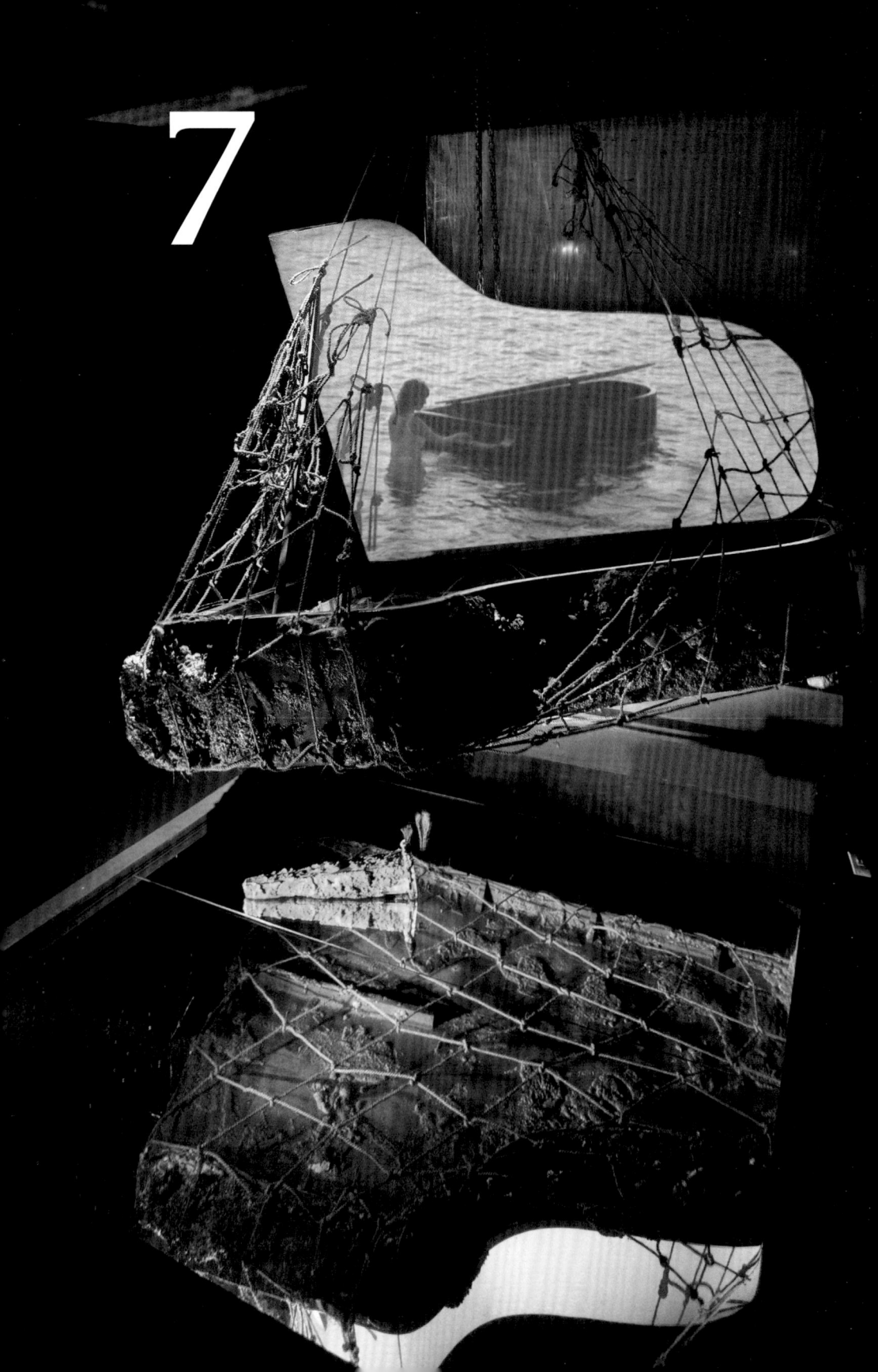

Mathilda, venho há anos contando e recontando a estória de um piano – um objeto emblemático na minha vida. Você conhece uma de suas estórias, aquela que é parte da sua diáspora.

Esse piano foi afundado inúmeras vezes e voltou à tona em diferentes situações, como em um vídeo, uma instalação, uma peça de teatro/ópera cinemática, um filme...

Eu o afundo, mas ele insiste em subir à tona e continuar a me assombrar... Esse piano não tem data. Ele submerge e volta a flutuar num universo circular.

A teoria da relatividade nos ensina, querida, que as noções de passado, presente e futuro são relativas, embora seja fato que esses tempos pertençam ao mesmo instante. Por que não nos lembramos do futuro? – perguntava-se Stephen Hawking. Imagino que para você isso seja irrelevante, porque é parte do seu existir.

Isso sempre me fez pensar em um tempo intuitivo na composição de minhas obras. E por isso tenho me dedicado em muitas de minhas óperas à atemporalidade dos mitos, que nos traz o tempo dos deuses, um tempo circular, aquele que foge à medida de tempo e nos faz refletir hoje sobre uma contemporaneidade medieval, como aconteceu em *Liquid Voices*.

Essa circularidade também é uma marca do desenvolvimento de meu trabalho e da criação de vocês como personagens... Uma peça que se transforma em outra, que é adicionada a outro destino, fragmentada em outras peças, surge novamente com outra roupagem, desenvolve-se, continua e, sem fim, toma corpo e se agiganta, usando uma temática maleável como massa por esculpir, retorcida, construída, desconstruída, reconstruída.

Muitas vezes, tenho usado como ponto de partida melodias medievais anônimas, como *Medee fu*, que se dilui para construir uma obra maior, como a ópera multimídia *Kseni – A estrangeira*, corporificando a Medea. Outras vezes, uso uma *Santa Maria Amar*, cantiga de Santa Maria do século XIII, como inspiração para introduzir a modernidade medieval, a exemplo de *Liquid Voices*. Em *As Malibrans*, crio *A morte de Desdêmona* a partir de uma melodia elisabetana do século XVI. Para os *Cantos noturnos*, em *Realejo de vida e morte*, parto do *Dies Irae*, do século XIII.

Nosso pensamento não é linear. Ele salta de um passado para um futuro, às vezes sem passar pelo presente. Ele segue um tempo quântico. E por que então haveríamos de nos agregar ao passado se já conhecemos parte do futuro? Vocês são livres e eternas. Não são parte de nenhum aprisionamento no tempo. Assim, venham comigo e me levem ao desconhecido.

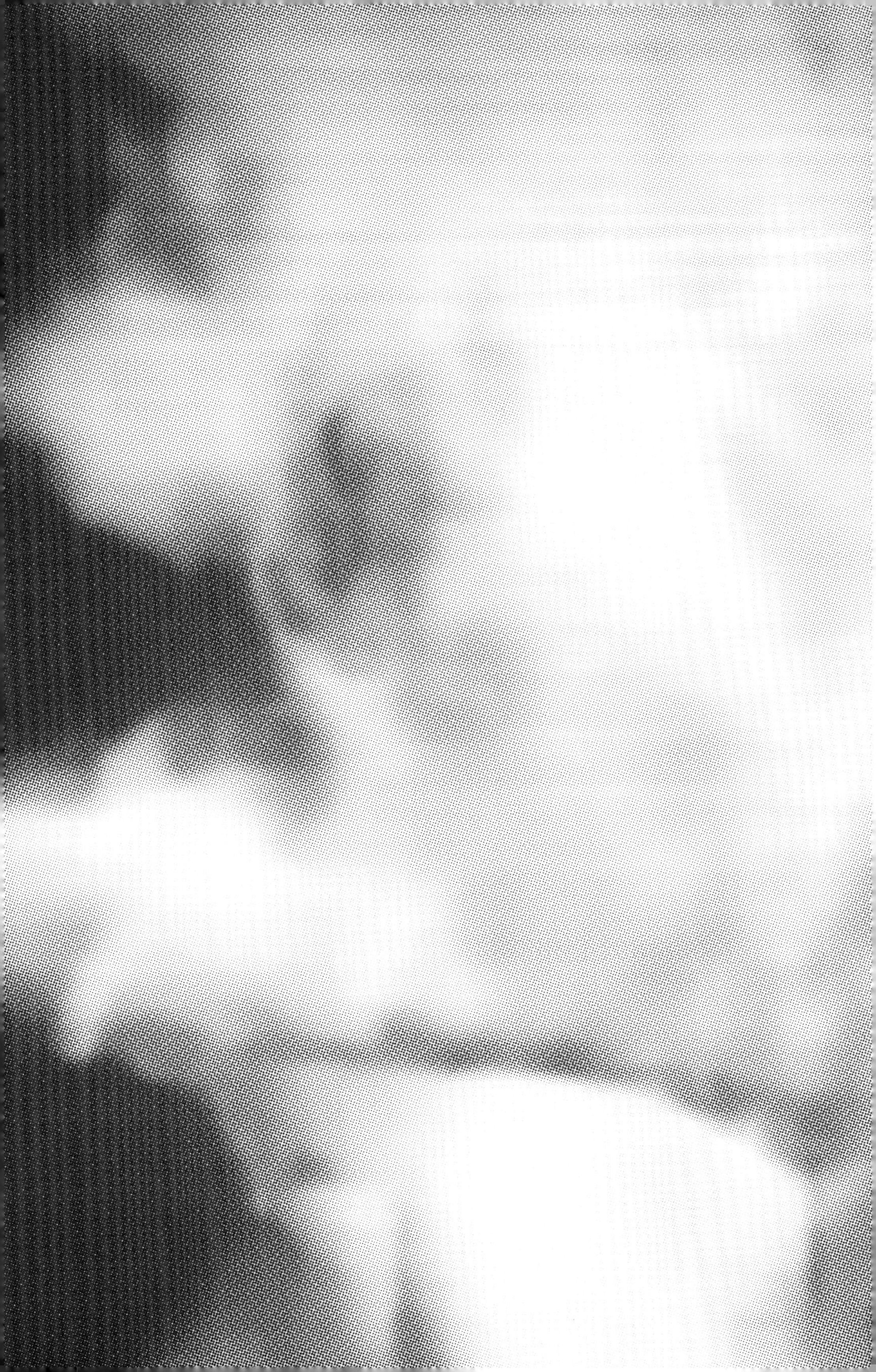

8

Naked Diva, em *As Malibrans*, segmento da ópera.

Na rua XV de Novembro, no sobrado modernista e tombado da família de meu pai, moravam alguns familiares que se regozijavam de ter aquele imóvel como desculpa para disputas entre eles.

Mathilda, acho que você gostaria de conhecer um sobrinho de meu pai que parecia destoar dos parentes. Um homem alto, muito bonito – era chamado de dândi – e diferente dos outros homens da família.

Vivia sozinho em um dos sete andares do sobrado e nunca convidou uma visita. Sua vida era um mistério. Que se passaria na sua casa? Fantasmas? Algum *affaire* arcano? Ele aparecia eventualmente nas comemorações e nas reuniões familiares. Herdara muito dinheiro dos pais e se vangloriava de ser capitalista e não precisar trabalhar. Vivia pilotando seu avião e em seu veleiro, em mares mundo afora. As mulheres especulavam sobre suas amantes (ninguém nunca o viu com mulher alguma).

PARADA

Às vezes, alguns arriscavam que ele gostava de homens. Mas também não descobriam nada. Até o dia que surgiu uma fofoca de alguém que o viu saindo à noite abraçado a uma drag queen... Estava lançada a dúvida e todos torciam o nariz... Mas se falava também que herdou muitas joias de sua mãe, inclusive um enorme brilhante extrabranco. Ele era filho único e, portanto, nós todos seríamos herdeiros. As mulheres se animavam... Mas alas, quando ele morreu, deixou sua herança para uma obra social no Burundi.

Foi ainda na casa de minha tia que finalmente pude explorar até o fundo do quintal, onde passava horas no pomar ou olhando o movimento dos perus, dos patos, das galinhas, ora sobrevoados pelos urubus, ora invadidos por algum gambá para roubar os ovos. Nesse jardim desabitado de crianças, eu corria e reinava sozinha ao encontro de muitas aventuras imaginárias, escondendo-me atrás dos imensos buxinhos, podados como diferentes figuras, formando labirintos. À noite, essas formas dos buxinhos pareciam sombras de animais pré-históricos. Mas pela manhã, eu me deleitava com a frente toda do jardim coberta de hortênsias azuis e rosa.

Às vezes, passavam alguns ciganos na calçada, e eu me escondia atrás dos buxinhos, pois ouvia dizer que ciganos roubavam crianças. Mas a curiosidade era maior e um dia resolvi aparecer, e eles perguntaram se eu queria conhecer minha sorte...

E lá fui eu, apesar das recomendações e dos mitos contados pelas tias, como o de que se comesse manga precisava tomar um copo de água, para dissolver a terebintina. Ou, pior ainda: leite com manga, nunca! Podia matar! Diziam que beber água depois de comer banana dava dor de barriga... Cuidado, cuidado! Foi no pomar desse quintal que chupar uvas verdes me deu tifo. É o que ouvi dizer.

Sei que fiquei várias semanas sem comer, bebendo apenas água de arroz e tomando chá de cambuci, uma planta da Mata Atlântica com um sabor azedo que ainda posso sentir. Estava me encolhendo como um fiapo pálido. Tiveram medo de que eu morresse, mas sobrevivi.

Quem me tratou foi o Dr. Celestino, um homeopata de Cambará que também era espírita e me prometia muito sorvete se eu aguentasse o gosto agridoce do cambuci. Como será que ele, em uma cidade no Sul do país, que mais parece Leste Europeu, conseguiu essa planta desconhecida?

Só se foi guiado pelo seu espectro, Mathilda...

Era um matriarcado de mulheres fortes de maridos já enterrados

Cara Mathilda, você seguiu meus passos pelo traço feminista das minhas personagens.

Pois é... A família de meu pai também me parecia seguir um certo matriarcado de mulheres fortes de maridos já enterrados. Algumas pareciam poder até se transformar em seres sobrenaturais. Uma prima, bela, exuberante e namoradeira, contava estórias assombradoras de espíritos e mares que sobem e engolem a terra.

Dizia que eu nasci de uma reencarnação egípcia, e eu não entendia nada, mas pelo seu contar eloquente me arrepiava de medo. E daí comecei a devanear sobre o Egito, os faraós e o deserto...

Morando no sobrado, outra delas era a chefe da família. Muito velha, frequentava festas, festividades religiosas, estações de águas... viajava, era elegante e adornada de joias, mas sempre de preto, de luto, inconformada desde que perdera seu filho ainda jovem. Surda e com aparelho auditivo, ditava ordens, sabia e ouvia tudo o que se passava. Não me espantaria que tivesse um forte esquema de inteligência ao seu dispor...

Todos iam ao seu beija-mão e guardavam uma cerimoniosa distância do seu olhar fixo de coruja, que nos inspecionava.

Era como se guardasse segredos ancestrais.

Algumas vezes me levavam à sua casa para visitá-la. Entre as muitas recomendações, a principal é que não reclamasse da comida sem nenhum sal, não fizesse barulho e andasse na ponta dos pés. Mas, sabendo que ela era surda, por que tínhamos que ficar em silêncio? Não conseguia entender.

Preferia os almoços mais bagunçados de outra tia, aquela cujo primeiro marido comeu uma empadinha e morreu. Casou-se outra vez e teve um bando de filhos com um jornalista sírio-libanês que escrevia sobre qualquer assunto (fazia até crítica de música), mas o infeliz não era dotado de beleza e elegância, e era chamado de turco pela família, que se achava superior! Essa maneira de se referir aos emigrantes árabes como turcos era muito peculiar e preconceituosa, pois turco não é árabe e nunca emigrou para o Brasil!

Eles também viviam no sobrado, e lembro-me da mesa comprida, sempre posta para o almoço, acolhendo a quem chegasse! Talvez fosse a generosidade árabe. Nunca sabiam quantos seriam à mesa, beirando sempre mais de 20. Os menus reuniam comida árabe e muitos pratos elaborados, como enormes alcachofras recheadas e remontadas como uma flor. Depois da sobremesa, nunca faltavam aqueles biscoitinhos de amêndoa pura que derretiam na boca e os pedacinhos de gengibre cristalizado para arderem na garganta, acompanhando o chá de hortelã fresca ou o café turco.

Por que adultos assombravam as crianças contando sobre mortes bizarras? Estórias que me fizeram no mínimo hipocondríaca.

Dizem que
minha avó paterna,
jovem e bela,
ao olhar pela janela
foi levada pelo vento.

O que teria ela buscado?

Dizem que morreu
de uma friagem...

Dizem que morreu
de uma miragem...

Dizem...

Illud Tempus é escrita para duas vozes femininas: a voz da inocência e a voz ancestral, com instrumentos e eletrônica em tempo real.

Em 1994, apresentamos a ópera na *Haus der Kulturen der Welt*, em Berlim. No Rio de Janeiro, apresentamos no Espaço Cultural Sérgio Porto e no Parque Lage, e em São Paulo, no Teatro Paulo Eiró. Em uma das partes da ópera-fábula, "A mulher dos cabelos dourados", minha intérprete e musa, Gabriela Geluda, interpretou e gravou o papel da inocência.

Hoje, 30 anos mais tarde, usando a tecnologia, ela grava a parte da outra personagem – a voz ancestral que conta a fábula. Curiosamente, o espetáculo torna-se assim um diálogo de sua voz atual com sua voz do passado, estabelecendo uma noção de atemporalidade, do tempo absorvido pela memória.

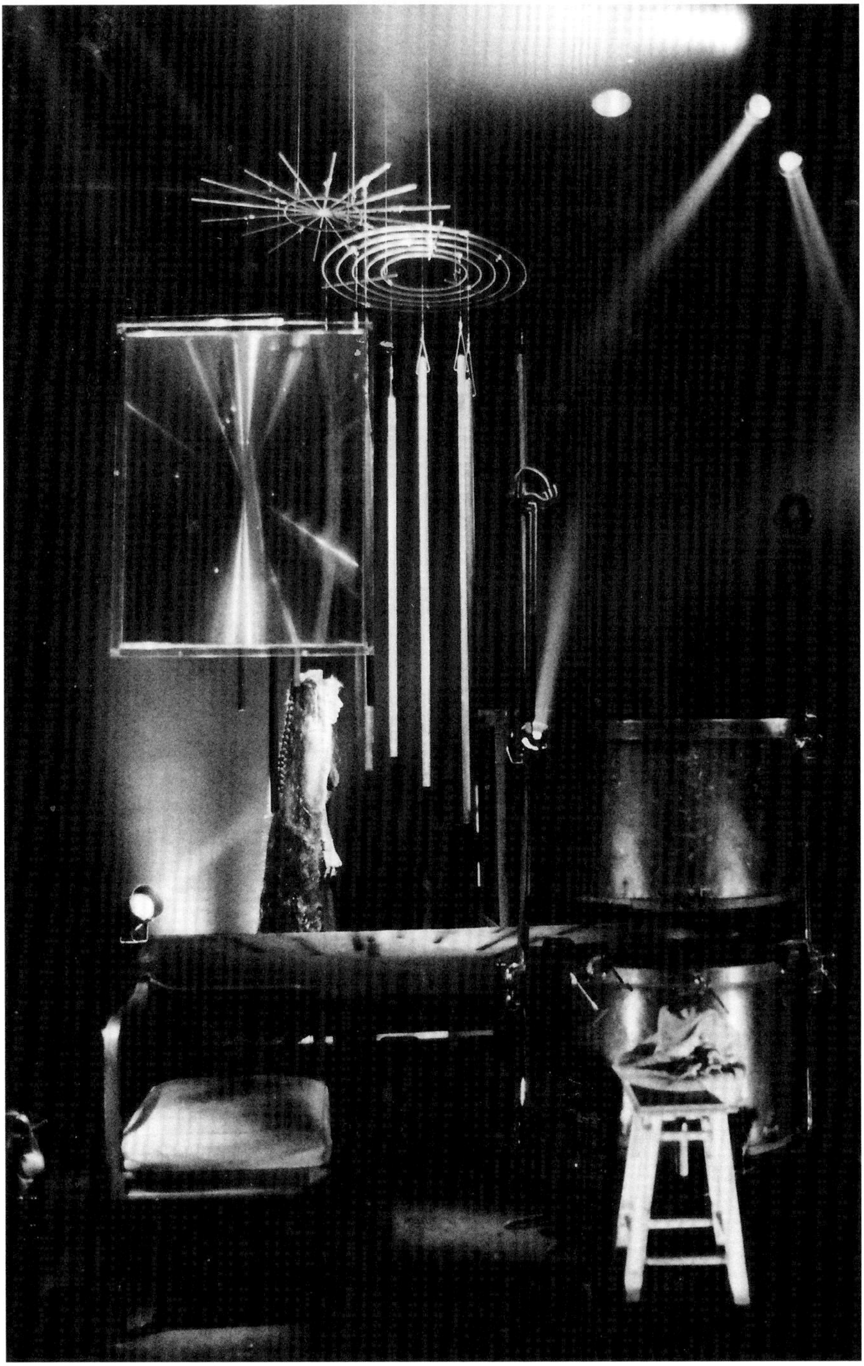

9

Who cares if she cries...

Há mais de 60 anos, enfrento o preconceito e a discriminação como compositora. Ouvi de compositores homens brasileiros várias "pérolas", como a de um compositor supostamente pioneiro: "o que você compõe não é ópera, porque não é escrito para grande orquestra, tampouco há coro e duetos". E outro mestre acadêmico: "no Brasil não existe preconceito contra compositoras"; "Você é reconhecida, não tem nada a reclamar". Para eles, a mulher compositora não é discriminada, mas sutilmente esquecida.

Minhas caras personagens, isso me leva a pensar na ópera hoje. Sem dúvida, ela é uma das mais perfeitas formas de arte quando vista como legado desde o teatro grego na Antiguidade à Camerata Florentina na Renascença, sobrevivendo até hoje. A humanidade sempre se deixou inebriar pelo sonho da ópera, que mexe com nosso inconsciente coletivo. Por isso mesmo, vejo a necessidade de a reinventarmos.

Ela precisa evoluir conosco, com nosso universo tecnológico e nossa diversidade cultural. Precisamos pensar em uma reformulação do conceito operístico, em seu formato tradicional, em sua própria estrutura. Não é suficiente dar à ópera uma roupagem atual. Não muda nada quanto à linguagem, a linearidade das narrativas, as árias, os duetos, os vibratos, os melodramas e todos os clichês da ópera do século XIX, que seguem muitas vezes o protocolo da personagem mulher, sempre como vítima ou morta no final. Em suma, seu perfil, delineado no século XIX, já não representa o mundo de hoje! E o que fazer então? O problema são os teatros e as instituições que não estão dispostos a ousar! Além do mais, a ópera ocidental é considerada uma propriedade da cultura eurocentrista, do Hemisfério Norte e ocidental. Se a ópera for criada fora desse eixo, ela não existe. A tradição oriental é descartada, e a América Latina e África são territórios à margem, compostos de grupos historicamente excluídos (como ainda pontuam até mesmo alguns compêndios acadêmicos nos EUA).

Entretanto, é curioso identificar que, após períodos mundiais distópicos, a humanidade tem vivido ciclos de efervescente invenção! Após a epidemia da peste negra, no século XIV, floresceu a Renascença! Isso deveria nos trazer alguma esperança para os anos pós-pandêmicos... Porém, depois de três anos de covid-19, explodiram duas terríveis guerras, entre a Rússia e a Ucrânia e entre Israel e o grupo Hamas. Será que a humanidade está regredindo, afastando-se do ideal de humanismo, da consagração do planeta Terra? É triste e muito atemorizante.

Mas voltando ao nosso universo musical, desde a década de 1960 morando em diferentes países durante anos, tive o privilégio de ouvir ensaios, estreias e conviver com os próprios compositores (Stravinsky, Berio, Cage, Stockhausen, Santoro) que criaram várias óperas contemporâneas estreadas depois da Segunda Guerra Mundial. Esses foram anos efervescentes de invenção, de recriar a ópera! Hoje estamos em um impasse. Ou encontramos um caminho para a reformulação da ópera, ou ela se repetirá até se esgotar. Estou de acordo com alguns pesquisadores ou mesmo compositores quando afirmam que minhas óperas não são mais óperas, e sim "postoperas". Pode ser... O caminho da música erudita hoje é como o do pesquisador da era medieval. Uma confraria de pessoas que falam, escrevem e compõem para si, tornando-se impenetráveis acadêmicos. Tenho me distanciado disso, concentrando-me em minha contribuição de dez óperas multimídias concebidas, produzidas e apresentadas no Brasil e no exterior. Mas, queridas personagens, isso ainda é uma gota no oceano...

Fazemos parte de uma profissão em extinção. A música erudita (até mesmo um termo como esse foi inventado para nos segregar) tornou-se pouco a pouco uma música-museu! E na música-museu, hoje, perdemos inclusive o direito de reverenciar os grandes mestres do passado. A criação e a invenção na música contemporânea foram deixadas à margem. Porém, uma arte viva se renova, e sua preservação é também vital como memória. A culpa é de todos nós.

Who cares if she cries, segmento em música-vídeo.

10

Curitiba, entre casas da minha primeira infância...

Ainda não te contei, Mathilda, onde morei até meus 5 anos de idade, na rua Coronel Dulcídio, no Batel. Era uma casa modernista, atribuída ao arquiteto alemão Frederico Kirchgässner, voltada às raízes da Bauhaus e uma das primeiras nesse estilo em Curitiba.

Meus pais mandaram construir a casa para morarem depois de casados e decoraram-na com móveis *art déco*, muitos de família. Meu quarto tinha um closet cheio de brinquedos, mas minha mãe abria o armário, tirava um brinquedo e me dava para brincar, depois o guardava e no dia seguinte me dava outro. Todos juntos, eu só tinha direito de olhar, nunca de brincar. O que mais me impressionava era uma boneca do meu tamanho com o rosto redondo e bochechudo feito em porcelana fria, ou melhor, em biscuit. Ela usava vestidos lindos de renda e sapatinhos com meias soquete de seda. Seus cabelos eram cacheados, enquanto os meus eram lisos... só faltava falar, mas o que diria? Eu imaginava que ela fosse mais velha do que eu e que deveria saber alguma coisa excepcional para me contar. Mas nunca contou. Essa boneca, eu só podia olhar, carregar era impossível pelo tamanho e peso, e tocar, nem pensar. Era uma boneca rara. Mas ela nunca realmente foi minha. Ficou com minha mãe, que a vida toda a manteve sobre um sofá como relíquia. Nem já adulta consegui levar comigo a tal boneca para o cenário de meu *Illud Tempus*. Mas um dia, ela desapareceu... vendida, lá se foi minha personagem de infância enfeitar a vitrine de um brechó.

Outro brinquedo marcante foi uma caixinha de música em que, ao dar corda, um casal dançava ao som de uma valsa. Este, meu pai fazia girar e girar quando eu estava doente. Ele colocava a palma da mão na minha testa e mentalizava para a febre ir embora. Mas às vezes ela não ia, e fui levada a uma dor que penetrou fininha como uma lança, lancetando meu ouvido sem nenhuma anestesia! Gritei até perder o sentido da dor. Em seguida, quando tive que operar as amígdalas, sufocaram-me com uma máscara de clorofórmio e depois me consolaram com muito sorvete.

E eu convalescia, com olhar comprido, através dos quadrados de cristal bisotê incrustados nas portas que fechavam a sala de visitas, e perguntava para Petronilia (minha babá alemã) por que eu tinha que ficar sempre de fora. E a boneca rara, por que não brincava comigo? Outras vezes me esgueirava pela sala de jantar até a cristaleira cheia de uns potinhos com baba de moça. Lá subia em bancos e cadeiras para conseguir roubar umas lambidinhas...

Lembro-me muito das visitas precedidas pelo perfume *Le Beige Chanel* da tia Nalote (uma amiga da minha avó), que era da Alsácia.

Uma personagem com chapéu de feltro que pendia de um lado só com um pequeno véu; usava umas blusas de seda branca transparente, embaixo de um tailleur preto meio surrado, embora chique. Lá chegava ela tentando convencer minha mãe de me criar no método alemão holístico e ecológico *The Kneipp Cure*. Ela tinha ares de transgressora e eu me divertia quando me tirava da cama na madrugada fria e me fazia correr no gramado descalça, para captar a energia do orvalho. Minha mãe corria atrás, quase tendo um chilique.

Como todos os quintais da infância, o de nossa casa também era grande, com zonas para mim proibidas e habitadas pelo Black, um assustador pastor belga de cor preta com olhos que reluziam na noite e que tinha ciúmes de mim. Ele era da minha mãe e eu ali não cabia. Ela não podia me pegar no colo perto dele e, sempre que chegavam visitas, a fera era urgentemente trancada. Mas um dia ela escapou e mordeu minha perna, deixando uma cicatriz que me marca até hoje. Chorei e gritei para que minha mãe me pusesse no colo e desse a boneca rara para o Black!

E a menininha chora, chora, mas... "Who cares if she cries...".

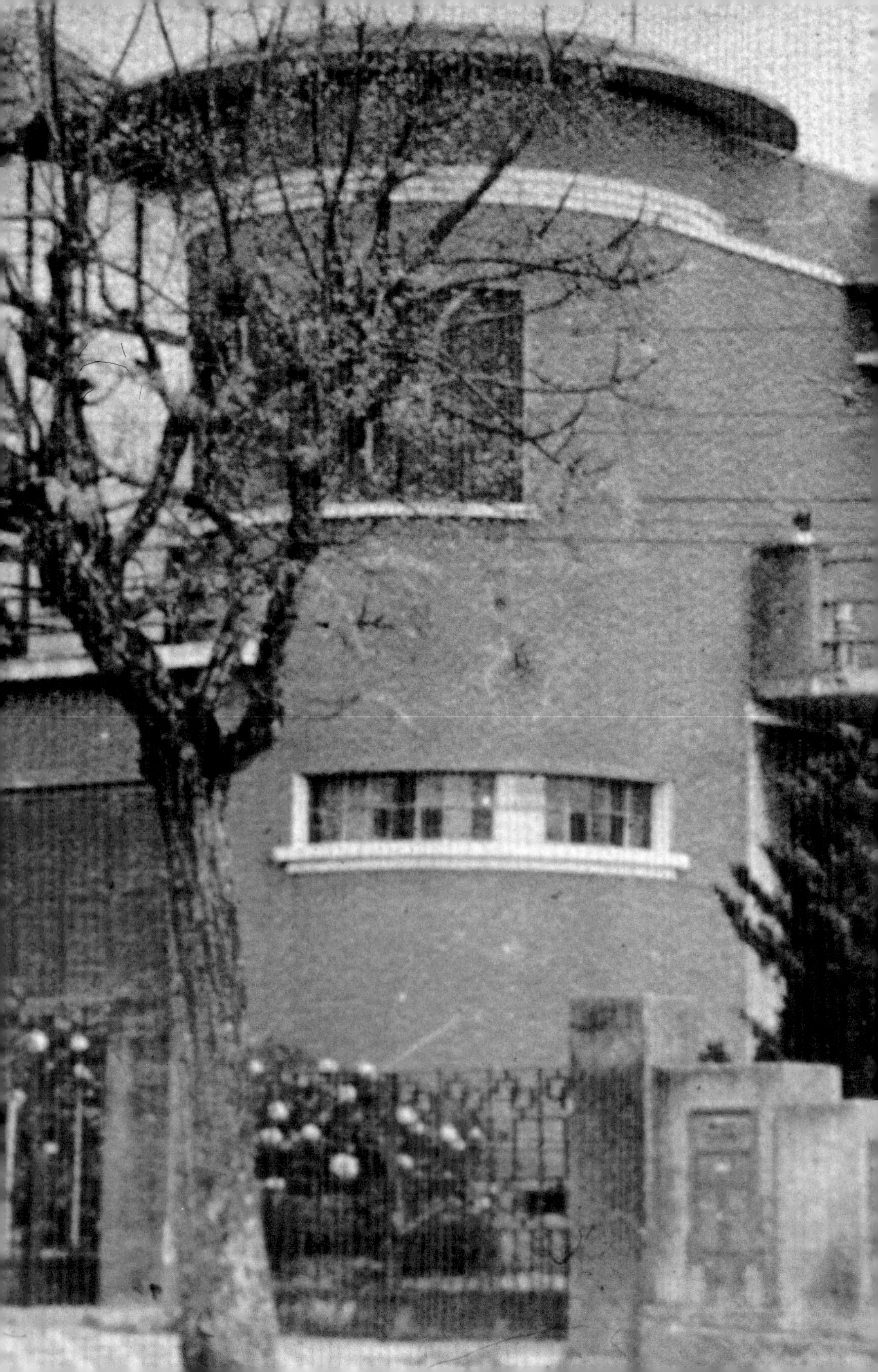

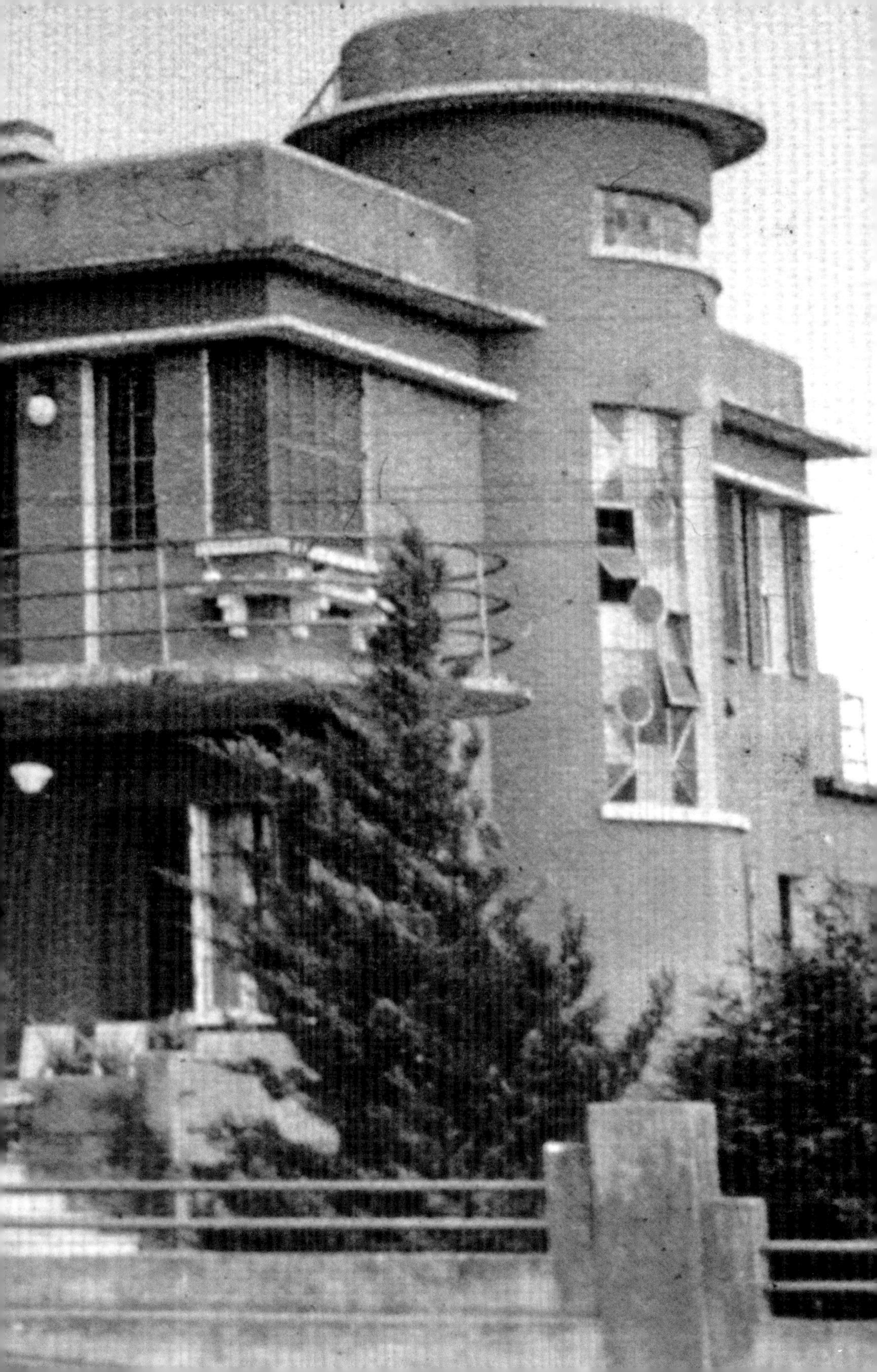

11

O café crescia como um vasto tapete verde que cobre uma mesa de jogo. Meu avô, José Carvalho de Oliveira, foi o desbravador. Jayme, meu pai, herdou dele 45 mil alqueires de terra roxa e passou a dominar como um verdadeiro jogador. Um ano estava rico, outro ano, endividado. Na região da Serra dos Dourados, onde se situava uma de suas fazendas, um primo dele, José Loureiro, antropólogo, descobriu os Xetás, um raro grupo étnico primitivo de indígenas seminômades. Meu pai não os perseguia, mas comentava que tinham um cheiro forte e desagradável, e nunca os mencionou como povos originários. Essa visão não era considerada.

A personalidade de meu pai era conflitante, pois, embora fosse um latifundiário, dizia que a única solução para a desigualdade era o comunismo. De maneira simplista, afirmava que para ele não seria um problema perder o título de proprietário e continuar administrando suas terras como gestor. Difícil de acreditar, para alguém que colecionava sapatos ingleses, dúzias de camisas com colarinho engomado e gravatas italianas por baixo de um terno impecável, que trocava todos os dias, e, ainda mais, para alguém que foi sempre dono de seu próprio negócio.

E assim ele vivia, abrindo fazendas e pequenas cidades, doando terrenos para prefeituras, escolas, ambulatórios, pequenos campos de pouso para teco-tecos; mandava ligar esgoto, luz elétrica e água. Nunca teve nenhum reconhecimento. Fazia o mesmo em suas fazendas e, além do salário, destinava um percentual de seu lucro para os colonos e permitia que usassem as veredas entre os pés de café plantados em curva de nível para sua própria cultura de milho. Uma vez, empregou em uma de suas fazendas 400 colonos contratados e vindos diretamente do Japão.

Em Curitiba, quando morreu, muitos prefeitos dessas cidades desenvolvidas por ele, como Abatiá e Jandinópolis, vieram ao enterro e solicitaram à minha mãe que continuasse a manter as benfeitorias. Obviamente, ela não tinha condições, porque seu marido morreu pobre. Gastou tudo que tinha e não tinha, viveu sempre bebendo e fumando muito, comendo do bom e do melhor e jogando, ganhando e perdendo com apostas nos seus próprios cavalos no Jockey.

Quando eu era adolescente, ele me levava para receber os cavalos vitoriosos de alguma corrida, e não se importava com que eu também apostasse minha mesada em alguma barbada...

Ele acreditava que morreria em cinco anos. Hospitalizado, recebeu alta de uma cirurgia de rotina. Entrou no banheiro, vestiu-se, abriu a porta e caiu morto. Uma embolia repentina o levou sem que ele mesmo soubesse. Passou a vida de esmerado terno e gravata, e assim se foi para morrer. Eu passei dez dias sem falar e só estudando piano, desenfreadamente.

Enquanto meu pai vivia na roleta dos altos e baixos do café, minha mãe detestava o que chamava de "mato".

Eu ainda posso sentir o cheiro intenso desse mato, da chuva que caía incessante, da terra molhada. Meu imaginário me seduzia às fabulações do povo que embaralhava indígenas, onças, tamanduás e cobras, que às vezes rastejavam até o pé da casa.

À noite, acordava assustada com os perigos escondidos na exuberância da natureza, onde o silêncio só era interrompido pelo próprio som da mata impenetrável ou pelos *Papillons*, de Schumann, tocados pelas mãos de minha mãe. Meu pai fez vir de Curitiba um piano para nos receber. Mas nem assim. Fomos somente duas vezes à sua fazenda em Carvalhópolis, quando eu era bem pequena. Lembro-me pouco além da casa de madeira de araucária, construída sobre pilotis e circundada de varandas, com lambrequins nos beirais, de onde se vislumbrava a plantação de café e a mata virgem ao longe. A fazenda crescia até as margens do rio Paraná, de onde o café era exportado.

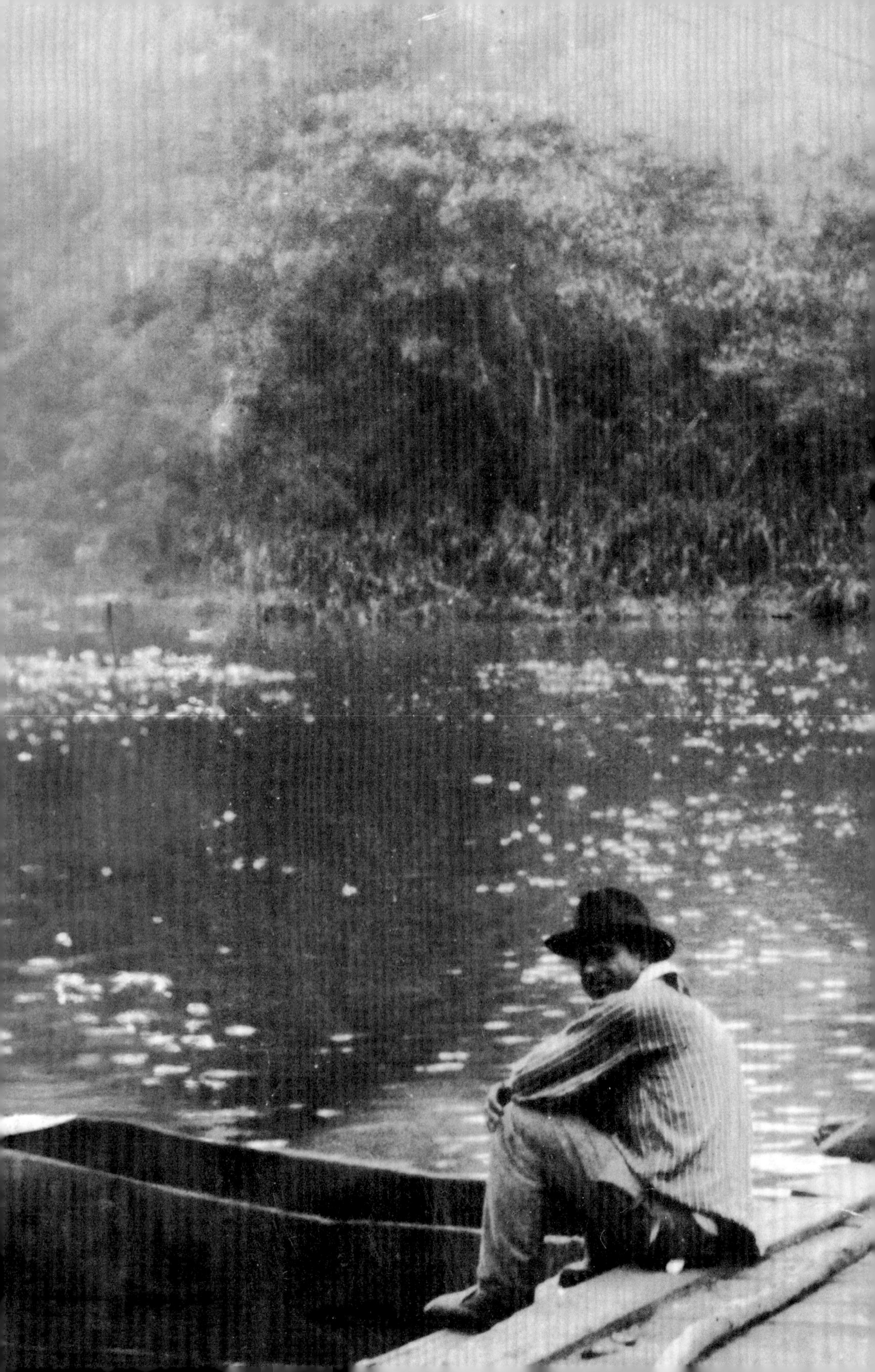

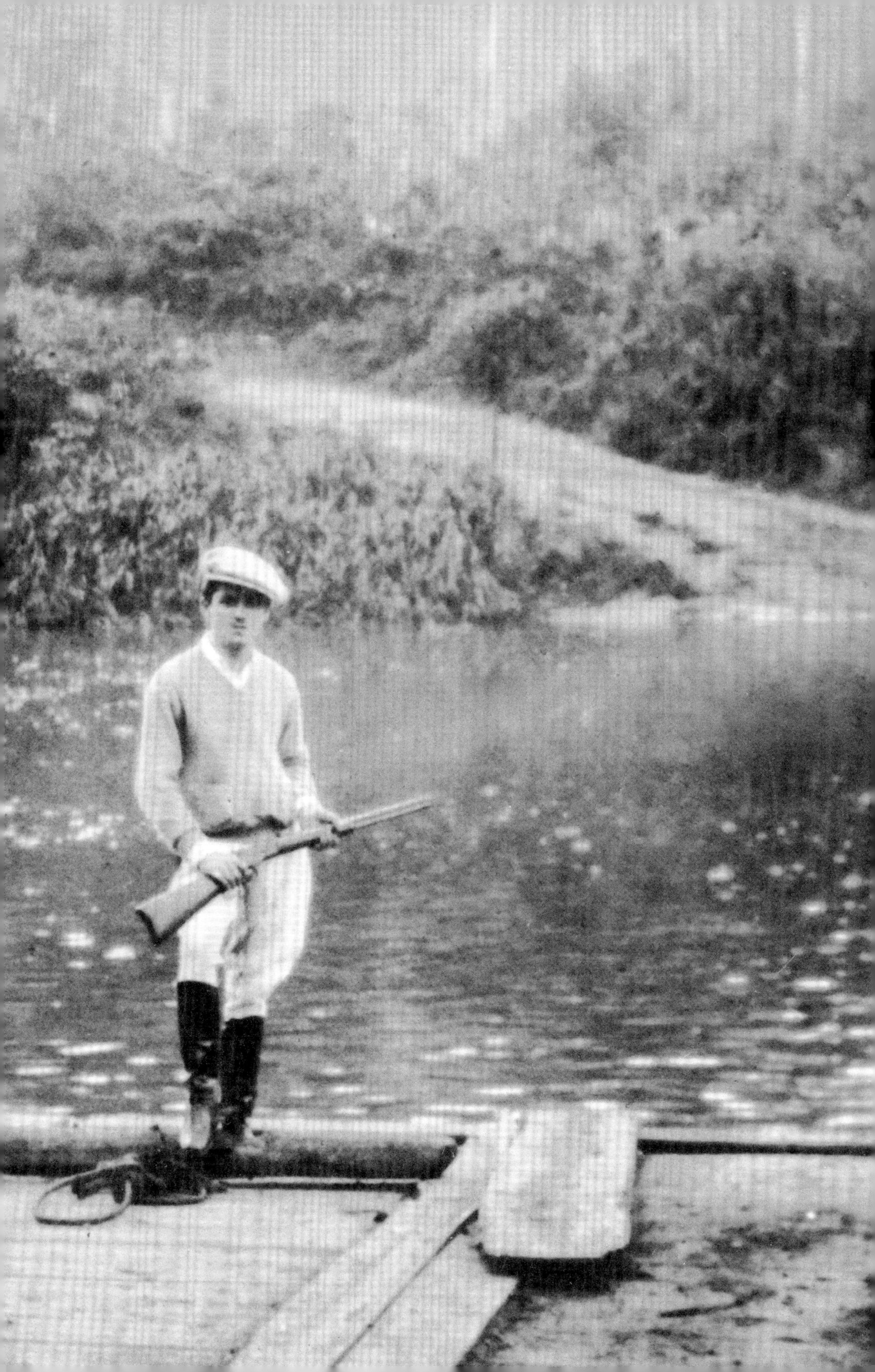

12

Por ironia da sorte, enquanto meus avós estavam viajando em missão, minha mãe nasceu em uma embarcação no rio Paraguai, atravessando o Pantanal. Minha avó Yaya não tinha leite suficiente, e o General contratou uma ama de leite em um dos povoados e a levou com eles na viagem para amamentar o bebê. Mamãe escondia esse fato inusitado e pitoresco de seu nascimento porque achava muito brega.

Ela reclamava muito que seu pai não quis que ela tivesse a educação nos moldes daquela que seu irmão teve, tendo se tornado um cientista renomado. Mulher não precisava saber muito.

Meu tio Emilio estudou e se criou no Rio, na casa de seu avô francês. Enquanto isso, Jandyra, minha mãe, continuava acompanhando os pais, de acordo com os postos que o exército impunha à carreira de militar de seu pai. Mesmo assim, estudou piano na Escola de Música da UFRJ, pintava e escrevia poesias, crônicas, contos, tendo publicado vários livros e assinado, por alguns anos, uma página literária no jornal A *Gazeta do Povo*, em Curitiba. Creio que nossa família foi sempre um tanto matriarcal, e minha mãe não parecia ter problemas em fazer o que queria.

Foi assim que comecei minha longa travessia com o piano, aos 4 anos, observando minha mãe dar aulas a uma afilhada que não tinha nenhum talento. Eu esperava a menina sair para encontrar de ouvido as teclas que me levassem a repetir a música... logo estava tocando um pequeno recital na rádio PRB2, em Curitiba (a terceira rádio fundada no Brasil, em 1924).

No entanto, a expectativa de meu pai era que eu nascesse José, e só me presenteava com jogos de meninos, como um pequeno bilhar, futebol de mesa e até mesmo, quando eu tinha uns 10 anos, um veleiro de iniciantes para velejar na represa de Santo Amaro. Mas quando cheguei à adolescência, ele se deu conta de que não podia continuar me protegendo sob o tratamento dado a um menino, e começaram então as pressões e repressões sobre sexo, grande tabu familiar.

Durante décadas reprimi e esqueci esses anos, meus primeiros passos na vida.

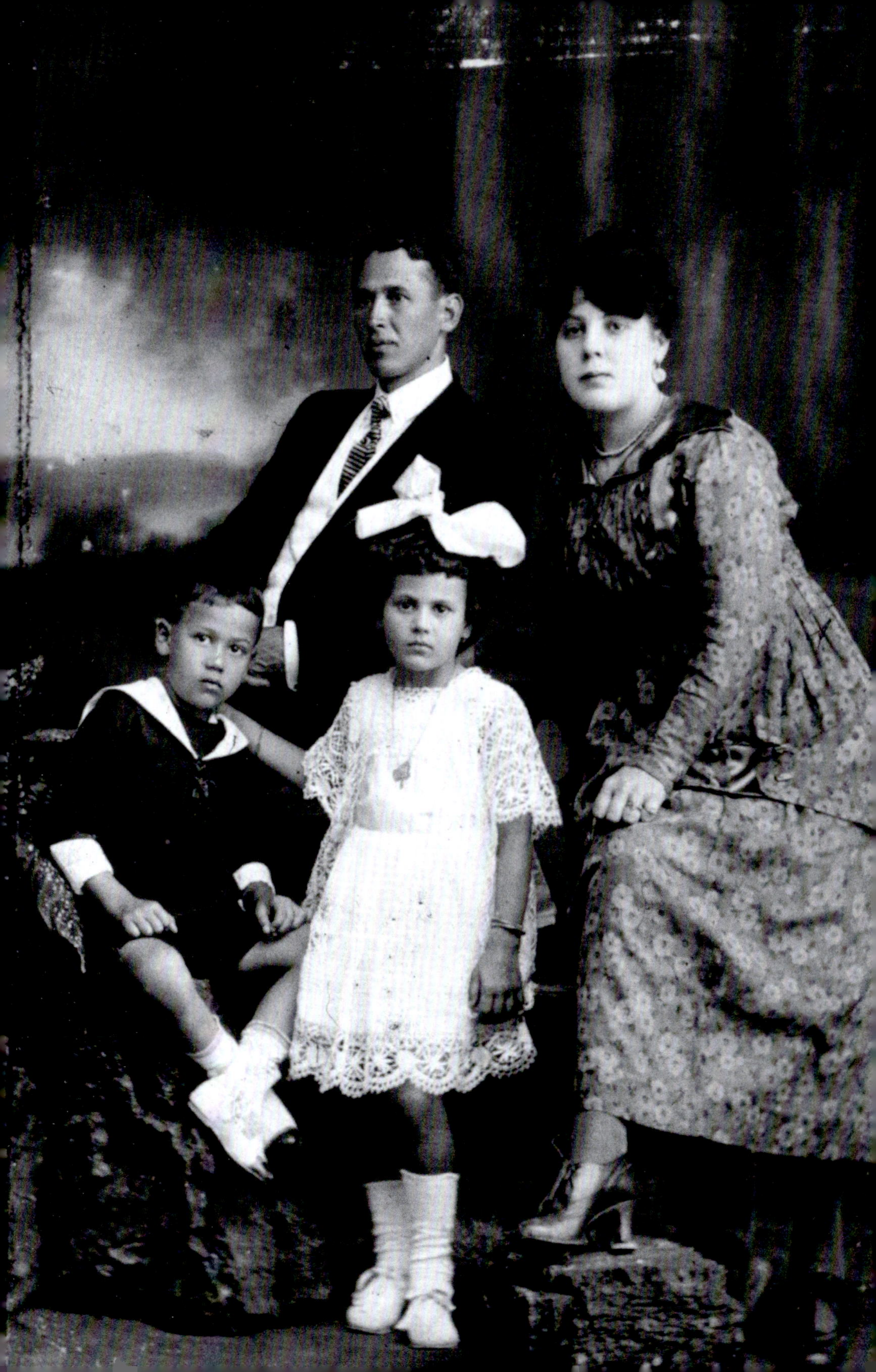

Parece que eu guardava minha origem trancada em algum lugar recôndito de minha memória (até me convenci disso) e resumia dizendo que não me lembrava de nada porque saí de Curitiba com 1 ou 2 anos de idade. Não é verdade. Infelizmente, não tenho mais ninguém para me confirmar a veracidade desse contar memorialístico. Ele me delineia contornos e sombras sem me deixar penetrar na essência. Os que me precederam já se foram, e não resta ninguém que possa aclarar minhas lembranças.

E continuo me surpreendendo e contando com a capacidade da memória.

Vocês dirão: "sabe-se lá se são mesmo verdades!".

Se me são sopradas pelo inconsciente ou pela faixa onírica da imaginação, não sei.

E isso importa? O que importa é que hoje, ao examinar as imagens que meu olhar de criança captou, posso fazer uma leitura muito mais profunda ou decodificar códigos incompletos que se transformam em eventos vividos mais tarde na minha vida. Precisei viver muitas décadas para conseguir a chave que abre metáforas e enxerga por meio de arquétipos. Será que aqueles anos de infância foram a síntese do que eu viria a viver no futuro?

Vocês, Mathilda, Daniela, Prostituta sagrada, Naked Diva, Medea, Desdêmona, La Loba, devem sentir bem o significado de atuar, de corporificar uma personagem que se apropria de um corpo, que veste as indumentárias e carrega sua máscara.

Vocês me cobram por não contar mais pessoalidades de minha vida adulta. Mas o que ansiamos hoje é a inocência de sonhos infantis, perdidos em milhares de crianças mortas pelas guerras insensíveis que se alastram por esse mundo, pelo abandono de crianças que não resistem às transformações climáticas do planeta, pelas doenças, pela desnutrição.

Situações que poderiam ser, no mínimo, amenizadas com as verbas queimadas em bombas sujas. São esses restinhos de devaneio que nascem do ócio criativo, do perder-se pelos meandros dos entressonhos. Hoje já não se fala em sonhos. Não há mais tempo ou espaço para as crianças contarem suas estórias, nem mesmo as que habitam nossa memória. Porque no mundo de hoje também se vão as memórias...

Queridas personagens, imagino que vocês tenham curiosidade de saber como vivemos por aqui, neste planeta Terra. Temos passado por períodos turbulentos de governos autoritários, guerras, destruição ecológica e aquecimento global, deslocamento das massas, desterrados dispersos sem encontrar abrigo, naufrágios de emigrantes, epidemias... e a ansiedade sobre as mudanças climáticas, que nesses tempos do Antropoceno nos fazem questionar o que nos espera.

Mas vocês são ideias, são mitos e estão livres dessas mudanças. Vivem em um tempo que lhes deixa pairando numa circularidade sem fim.

Minhas companheiras, às vezes creio que vocês são mais reais para mim do que alguns de meus antepassados, que mais parecem ficcionais. Vocês, eu sei bem como nasceram, como me acompanham, como cresceram e a carreira de cada uma. Sei do que sofreram, como foram aplaudidas, reconhecidas... Eu criei vocês. Quanto a alguns ancestres, fico muitas vezes na dúvida se são fruto de minha imaginação. Não me lembro de suas vozes, de suas expressões. Enquanto vocês não são vozes silenciadas.

Será que tia Otília era uma La Loba, que podia se metamorfosear na mulher liberta, sem amarras?

Ou seria uma alucinação autobiográfica?

13

Minha avó Yaya tinha um espírito livre. Lembro-me de uma vez ouvi-la dizer que iria a Curitiba acompanhar uma afilhada que precisava interromper uma gravidez indesejada. Pegou sua maleta, vestiu um tailleur, pôs um gorro de lã para se proteger do frio e tomou o ônibus sem hesitar.

Como poderia saber que mais tarde eu viria também a ser vítima de uma gravidez de dois meses não planejada... Minha avó já não estava ao meu lado para segurar minha mão. Mas seu bom fluido penetrou no espaço e me acompanhou pela clínica ilegal deprimente de paredes verdes desbotadas, com uma enfermeira de aparência duvidosa que, depois da breve intervenção, trouxe-me um caldo magro em uma cumbuca de alumínio. Parecia um ambiente de presídio.

Alguns poucos anos após, tive um aborto espontâneo aos cinco meses de gestação. Naquela época, o Rio não tinha bons hospitais, nem faziam ultrassonografia do feto.

Deixaram-me sozinha, sem amparo, esvaindo-me em sangue ao me arrastar desesperada até o vaso do banheiro comum no final do corredor. Lá perdi meu bebê sem nunca saber nem mesmo seu sexo. Foi um dos eventos mais trágicos da minha vida. Não morri. Mas quando me lembro disso, sinto falta de ar e um aperto no coração. E isso para quem tinha poder aquisitivo – imagine as mulheres sem recurso.

Voltei para os EUA. Entrei em depressão por vários meses, mas a música me salvou com o estudo de piano, com horas e horas na companhia de *Oiseaux Exotiques*, de Messiaen, para tocar com a *Pro Arte Symphony*, em Long Island.

Passaram-se décadas, e o país ainda espera por uma lei digna que respeite o corpo da mulher como sua propriedade e reconheça o direito ao aborto como questão de saúde pública.

14

Como posso separar vida e arte?

Lembro-me de um dia em que minha bisavó, cedo, pela manhã, levou-me ao culto dominical na Igreja Presbiteriana, em Curitiba. Ao sairmos de lá, fomos à Leiteria Schaffer, na rua XV de Novembro, para tomar coalhada. Que prazer era aquela leiteria e suas garrafas de vidro com leite à moda alemã, o kuchen de banana, as tradicionais mesinhas de mármore. Ainda posso sentir o cheiro e o gosto dos laticínios fresquinhos, inigualáveis.

Anos mais tarde, quando meu pai morreu, passamos a noite inteira no seu velório e, depois do enterro, cedo pela manhã, meu tio cientista nos levou para tomar coalhada no Schaffer. Porém, poucos anos mais tarde, o estabelecimento sofreu um incêndio devastador e desapareceu da rua XV.

Volto à casa de minha bisavó. Todos sentados na sala, impassíveis e impecáveis em seus papéis, parecendo figuras de cera. Um ventilador estimula a brisa, fazendo flutuar pontas da echarpe de gaze no pescoço de minha mãe. É como se o tempo estagnasse. Falam baixinho. Minha bisavó toca sua flauta, tia Otília faz novamente sua entrada, atraindo como ímã os olhares perplexos, com sua voz de contralto no limiar do grito. Todos, incomodados, se acomodam nas cadeiras.

Meu tio microbiologista discorre sobre bactérias. Tia Otília fala um idioma que eu não entendo. Ninguém entende. Ouve-se um uivo profundo das profundezas do quintal. Sinto um doce perfume, como se alguém invisível passasse.

Será que eu conheci La Loba?

E ela me induzia a ser uma guerreira neste mundo misógino?

Pergunto à minha mãe:

– Ela existe?

La Loba, em *Illud Tempus*, segmento da ópera.

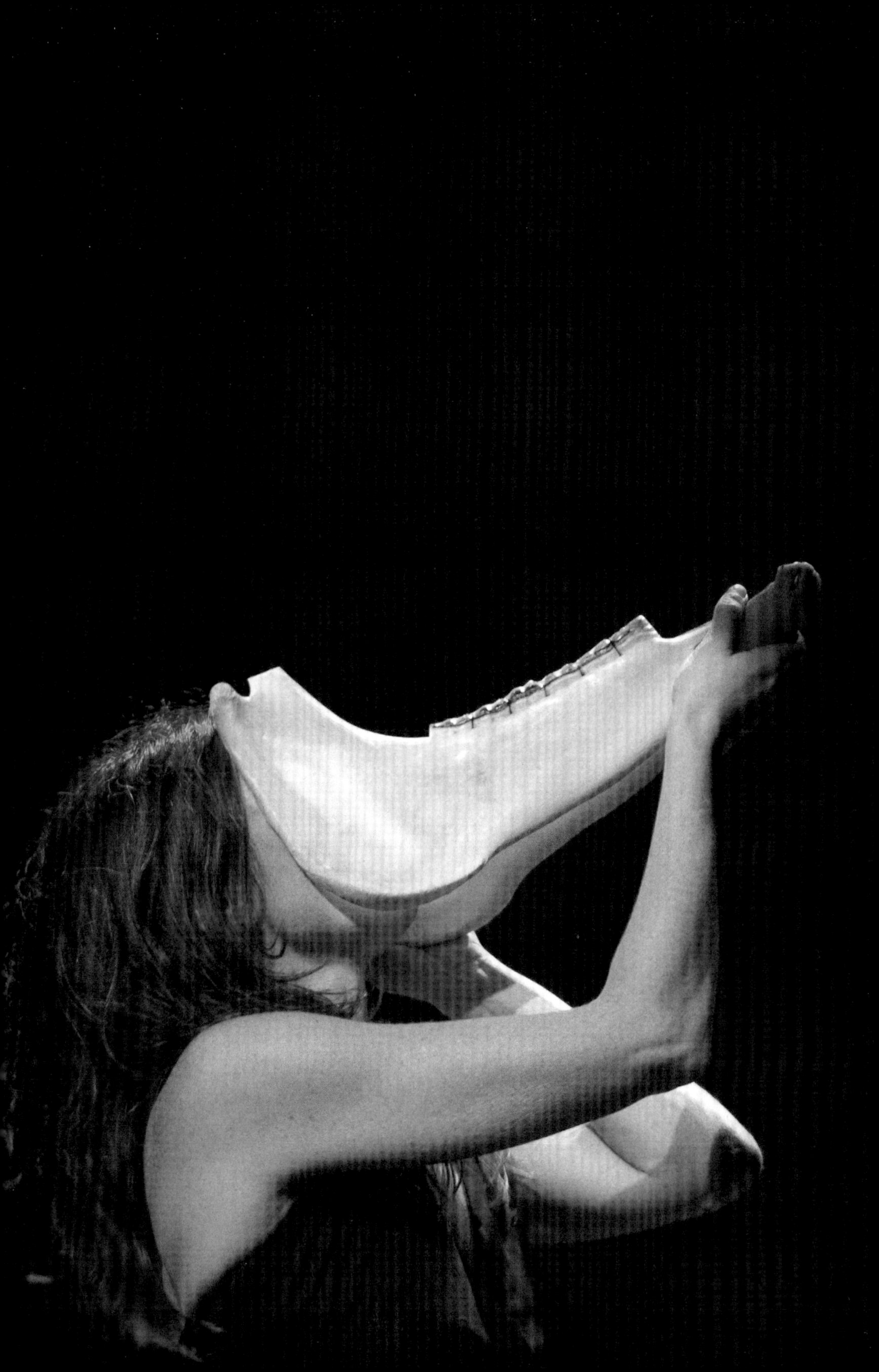

15

Predio do Collegio des Oiseaux (S. Paulo)

Mas, Mathilda, deixe-me continuar... minha primeira viagem de avião. Decolamos em Curitiba com destino a São Paulo – nunca entendi bem o porquê. Meu pai estudou e tinha sócios e amigos em São Paulo. Mas acho que foi minha mãe que se cansou de uma vida provinciana e quis se mudar para outra, mas em uma cidade maior. E assim desataram--se os laços com a cidade onde nasci...

Deixava as casas grandes e os quintais misteriosos de meus primeiros anos de infância e trocava-os por uma casinha geminada e apertada no bairro de Santa Cecília, em São Paulo. Meu pai estava quebrado pela geada que matou o café e precisava vender terras, como um pintor que vende suas telas quando precisa de dinheiro, para que tudo possa voltar ao que era. De toda maneira, meus pais tinham um lema de sempre manter as aparências. E assim foi.

A primeira medida de minha mãe ao chegar a São Paulo foi me inscrever semi-interna em um tradicional colégio de freiras. Por que freiras? Meus pais não eram católicos praticantes.

Encontrar rapidamente vaga em escolas não era problema devido à bela carta de recomendação do tio Bispo Don Alberto (do lado paterno). Até então, eu não me lembro de ter brincado com crianças. Com nossa mudança, passei a ter sonhos recorrentes de que estava andando de mãos dadas com minha mãe, que de repente me soltava na multidão e me perdia. Temia a solidão.

Tinha uma relação muito terna com minha avó que veio conosco para São Paulo. Só dormia de mãos dadas com ela, e só tomava o ônibus escolar para o colégio se ao voltar ela estivesse me esperando na janela. E ela não falhava.

O imponente Colégio *Des Oiseaux* era situado em um palacete de cinco andares de inspiração *Art Nouveau* construído em 1901, situado na rua Augusta com Caio Prado, circundado por 24 mil m² de jardins, bosques, pomares que substituíram os meus quintais solitários de até então.

Nossa classe oferecia uma interessante variedade de crianças. Uma garotinha tinha cabelos grisalhos, um olho azul e outro castanho. Como poderia esquecer? A impressão da infância me marcou e, quando jovem, compus uma canção anti-bossa nova, *Frida*, que contava a estória de uma mulher solitária com um olho castanho e outro azul.

Outra pobre criança, em plena aula, era vítima de ataques epilépticos, desmaiando e quase sufocando com uma baba espumosa. A aula era interrompida e todas nós ficávamos paralisadas. Duas gêmeas sírias e uma aluna egípcia davam o tom multicultural, mas provavelmente eram maronitas, ou não estariam em colégio católico. A filha de um conde italiano falido era arrogante e dizia que todas éramos filhas de *nouveaux riches*, enquanto as toalhas em sua casa tinham sido bentas pelo Papa... Outra dedurava as colegas e tinha um andar majestoso, balançando suas tranças que davam várias voltas e que, soltas, arrastavam-se pelo chão. Mas isso começou a nos irritar e nos levou a enfrentar a bicha de emboscada e a cortar suas tranças pela raiz. Foi um bullying, mas nossa intenção era que ela se corrigisse.

As missas pelas manhãs eram facultativas. Compareciam muitas alunas só com a intenção de desmaiar e ser levadas para o refeitório ou para a enfermaria, rendendo a perda da primeira aula. Eu nunca desmaiei. Gostava de ficar na capela perdida em meus pensamentos, assim como durante os retiros de três dias em silêncio, em que aproveitava para deixar a imaginação voar. Ao menos ninguém me interrompia e podia dar vazão aos embriões de vocês, minhas personagens.

Meu imaginário infantil passou então a povoar as imponentes escadas de madeira maciça que ligavam os cinco andares, deixando o elevador para as madres ou as emergências. As freiras, entre elas, só falavam muito baixinho e em francês. Ouvimos muito francês, além de iniciarmos o aprendizado do idioma muito cedo. Ouvimos também inglês, mas algumas das madres tinham um sotaque escocês, que não era ideal. O latim era difícil, mas existia sempre o que se chamava de "burro", livros com as traduções dos clássicos para nos servirem de "cola"...

Aprendíamos nas aulas de etiqueta que falar alto era falta de educação. O colégio tinha um lado muito positivo pela excelência de seu ensino e por sua visão cultural, mas não deixava de ser repressivo, preconceituoso e classista. Entretanto, a educação religiosa era moderada e longe de ser radical. Durante os anos de ditadura militar, as cônegas se redimiram, envolvendo-se na luta pelos direitos humanos e apoiando as comunidades eclesiais de base.

Nos longos e silenciosos corredores de mármore polidos não se falava, não se ria, não se corria, não se comia ou bebia. Tudo tinha que ser dosado e contido, e o leve pisar de nossos pés, o único ruído.

Nossos pezinhos tinham que aprender a pisar leve, em um passo cadenciado que mantivesse a coreografia da longa fila polida e disciplinada. O silêncio só era cortado pelo soar dos sinos da capela anunciando a missa pela manhã e a benção das 17h, às sextas-feiras. Eu curtia ouvir os sinos e, durante a benção, tocava harmônio na capela, junto ao canto gregoriano das freiras.

Essa experiência, Mathilda, deve ter me levado, anos mais tarde, a buscar melodias medievais para reconstruí-las e desconstruí-las ao longo da linguagem contemporânea de minha música.

Ouvi muito canto gregoriano com o inebriante cheiro de mirra, que nos confundia entre o sagrado e a sensualidade dos pensamentos, a vagar pelo mistério dos cabelos encobertos pelos hábitos religiosos das madres. E eu me perguntava: por que esconderiam os cabelos com tanto recato e submissão enquanto os padres não os cobriam? De que cor seriam os cabelos? Eram cacheados? Raspariam a cabeça? Quem eram elas, afinal? Teriam tido algum amante frustrado antes de se internarem em uma clausura? E nossa imaginação nos levava a esse claustro, muito bem vigiado, que nunca pudemos penetrar.

Em compensação, tinha o privilégio de estudar piano sozinha na belíssima sala de música redonda, com pé-direito de uns 8 metros, uma claraboia de vitral que projetava manchas coloridas quando era atravessada pelo sol da tarde.

Embaixo, no salão para as aulas de canto orfeônico, havia um piano de cauda. Era circundado por um jirau no segundo piso, com dez pequenos compartimentos, cada um com um piano de armário. Durante o longo período escolar diário, de semi-internato, passava lá duas horas por dia estudando piano.

Outro espaço que me fascinava era o teatro do colégio, que também tinha um piano de cauda Steinway. O palco tinha um urdimento básico e uma coxia com camarins cheios de figurinos, adereços e máscaras que assaltamos uma vez. Eu não era nunca escolhida para compor o elenco das peças de teatro que eram continuamente ensaiadas. Meu papel de pianista tinha sido definido ao nascer e o roteiro era sempre o mesmo. Executar um pequeno recital nas festas de fim de ano, assistido por um grande público que incluía o arcebispo, muitos convidados e os pais. As madres (muitas francesas, belgas, inglesas, escocesas e brasileiras) valorizavam muito a música e achavam que nada devia me distrair de minha vocação. Por isso, eu era tratada com uma consideração especial, pois acreditavam que uma artista não devia ser reprimida e precisava manter sua liberdade de criação. Tive muitas regalias, até mesmo depois de alguns anos, sendo liberada na metade da tarde para ter mais tempo em casa, a fim de complementar meus estudos de piano e outras matérias.

Frequentemente, eu era chamada no escritório da madre superiora para uma séria conversa sobre o dom da música que recebi ao nascer e que era meu destino seguir. No fim, ouvia sempre o veredito de que no juízo final seria cobrada! Saía cabisbaixa, com muitas indagações e carregando um grande fardo. Com o peso dos ensinamentos religiosos, começou a angústia de questionamentos imponderáveis para os neurônios de uma criança de 6 ou 7 anos, e essa pergunta me perseguia:

— Quem morre se sente corpo, ou alma?

Estava matriculada no colégio há poucos anos, quando despencamos em nova crise cafeeira de meu pai. Novo corte de despesas: dessa vez estava em jogo nossa educação! Mas minha mãe teve a brilhante ideia de negociar com as freiras nossa belíssima sala de jantar *art déco*, que havia seguido nossos passos de Curitiba para São Paulo. Felizmente, o Colégio *Des Oiseaux* era em estilo *art nouveau*, e esses móveis combinaram perfeitamente no claustro onde as refeições eram regadas a um bom vinho francês. Assim, o requinte dos móveis *art déco* pagou pela nossa anuidade: minha e de minha irmã. E logo tudo se desanuviou e voltou ao que era. Esses incidentes, afinal, tornaram-se uma lição de vida, ensinando-me a viver com muito, e com pouco. O que importa é continuar.

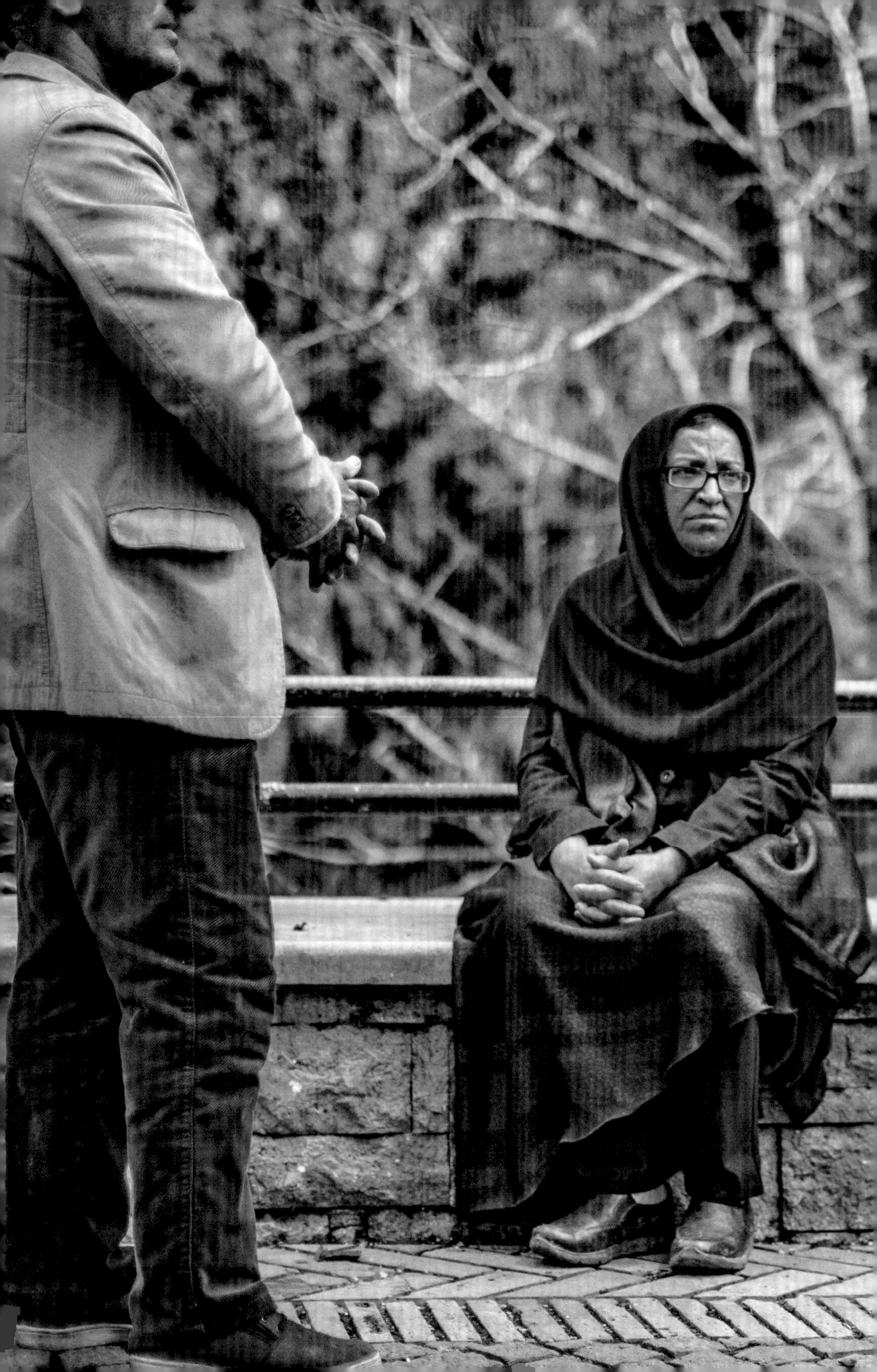

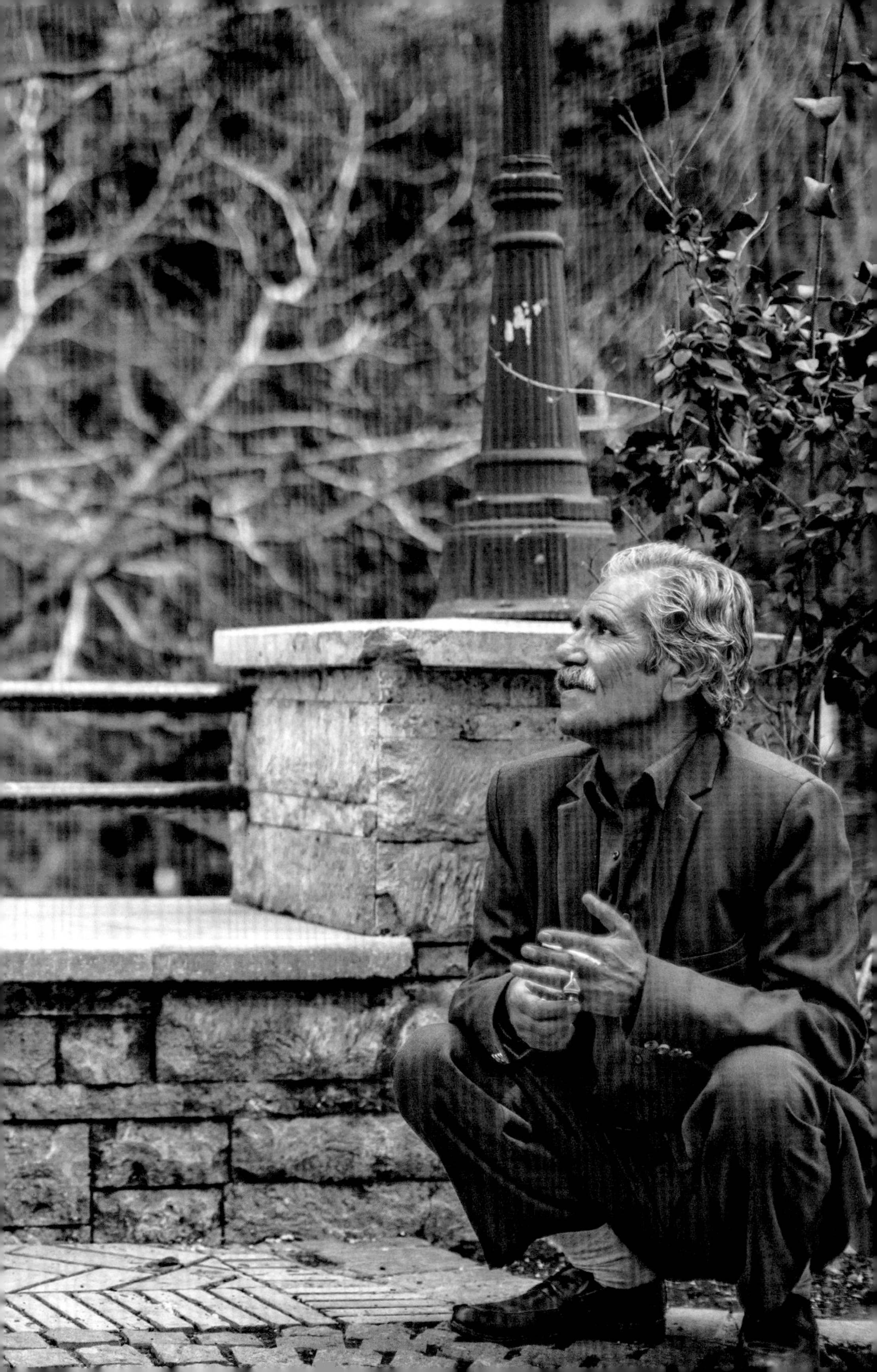

16

Mathilda, vamos falar um pouco do passado mais próximo, ou melhor, daquele que não aconteceu. Gostaria de lhe contar sobre a viagem que não fiz, porque ela é mais viva do que as centenas de viagens que fiz pelo mundo. Aquela que ficou para sempre no meu imaginário.

Desde criança, meu sonho era conhecer a Pérsia. Mas essa tornou-se a viagem que eu não fiz. Ansiei pisar no deserto e perder o olhar nos vastos parques inebriantes de tranquilidade.

Ainda hoje, se fosse jovem, talvez em um ato desesperado, tomaria o primeiro avião fazendo conexões absurdas para conseguir aterrissar em Isfahan e me sentar em silêncio por horas na praça Naqsh-e Jahan, deixando a vida passar... antes que fosse tarde demais...

Não consegui realizar esse desejo, mas serviu de inspiração para meu neto. Ele foi com sua companheira, livre e jovem, e passou um mês visitando cidades, vilarejos e desertos no Irã.

Atravessou paisagens do sul ao norte e fotografou centenas de imagens impressionantes da placidez do viver, da poesia em todos os cantos, dos sítios arqueológicos, captando a beleza extraordinária dos locais sagrados e históricos! Ouviu o *santur* na música clássica persa, teve contato com muita gente – estudantes, homens e mulheres intelectuais, e, principalmente, a cultura persa.

Uma antiga civilização, com um povo culto, comunicativo e que recebe o "outro" de braços abertos. Elliot e Marina não sofreram nenhum assédio, dificuldade ou impedimento de registrar momentos singulares. A viagem, longe de ser turística, e renegando a ideia do orientalismo fabricada pelo Ocidente, tentava captar a história, o olhar do outro, apreender com o conhecimento e a reflexão de uma civilização milenar. Impossível? Não creio, as impressões ficam gravadas por uma vida e constroem nosso futuro e uma melhor compreensão da humanidade. Mas hoje isso tudo está vulnerável. Neste mundo distópico, a guerra é ameaçadora. E me passa um calafrio de pensar na destruição da natureza, de monumentos históricos milenares, como em tudo que teria um dia sido a região da Mesopotâmia. Desejei tanto conhecer Palmira, mas a Síria também já se foi, levando a história dos seres humanos que estão morrendo.

Quando é que aprenderemos a olhar o "outro" com empatia e a respeitar as diferenças?

Alas, ainda pude vagar por outros mundos ancestrais onde as ruínas ainda nos permitiam reconstruir a história.

Pude caminhar descalça pelo labirinto dos templos no sul da Índia e me perder ao som do *mukha-veena* e do *mridanga*, que soam ao amanhecer, chamando à peregrinação e à oração na entrada dos *gopurams* (pórticos), em Madurai, até serem esquecidos pela noite sinistra no templo. Só então os morcegos dançam livremente no úmido da obscuridade e continuam seu zumbido ininteligível, penetrando até mesmo no âmbito sagrado, onde somente o hindu pode orar. Nesses altares sagrados, nem mesmo aquele que se converta ao hinduísmo terá o direito a penetrar, porque o hinduísmo não é somente uma religião, uma cultura. Hinduísmo é um estado agraciado pela única condição de nascer hindu.

Compreendi o fascínio que sempre tive pela música indiana quando me encontrei no primeiro templo hinduísta e ouvi música entre as colunas que cortavam fatias do denso ar poluído de Delhi. Lá, na paz do silêncio, sentado sobre o cimento, um *sadhu* (homem santo), vestido de branco, oferecia a Shiva sua oração através de uma *raga*. Sua voz jovem e macia executava com maestria os elaborados *gamakas* (ornamentos), que eram acompanhados pelo harmonium e pela tabla. Era meio-dia, e o tempo vago e o templo vazio me davam o privilégio de dividir com Shiva essa escuta. Tempo? Não sei quanto durou.

Da Índia, ninguém volta o mesmo.

Trouxe comigo a inspiração que me levou ao sopro da virgem em *Inori à prostituta sagrada*.

Virgem no sentido original do termo, isto é, dona de si mesma. Esse aprendizado me valeu para a criação de todas vocês, queridas personagens que vieram depois dela.

A prostituta sagrada, íntegra e segura de si, recebia "o estranho", "o desconhecido" de forma erótica, sensual, pura, esotérica. Para ela, não existia nenhum conflito entre a união sexual e a espiritual, sendo que a razão de sua existência era trazer o sagrado da deusa para o contato com o humano.

Para a mulher, isso representa o reencontro do feminino em uma sociedade regida por moldes paternalistas, que nos impuseram modelos heroicos e competitivos às custas da repressão de nossos valores.

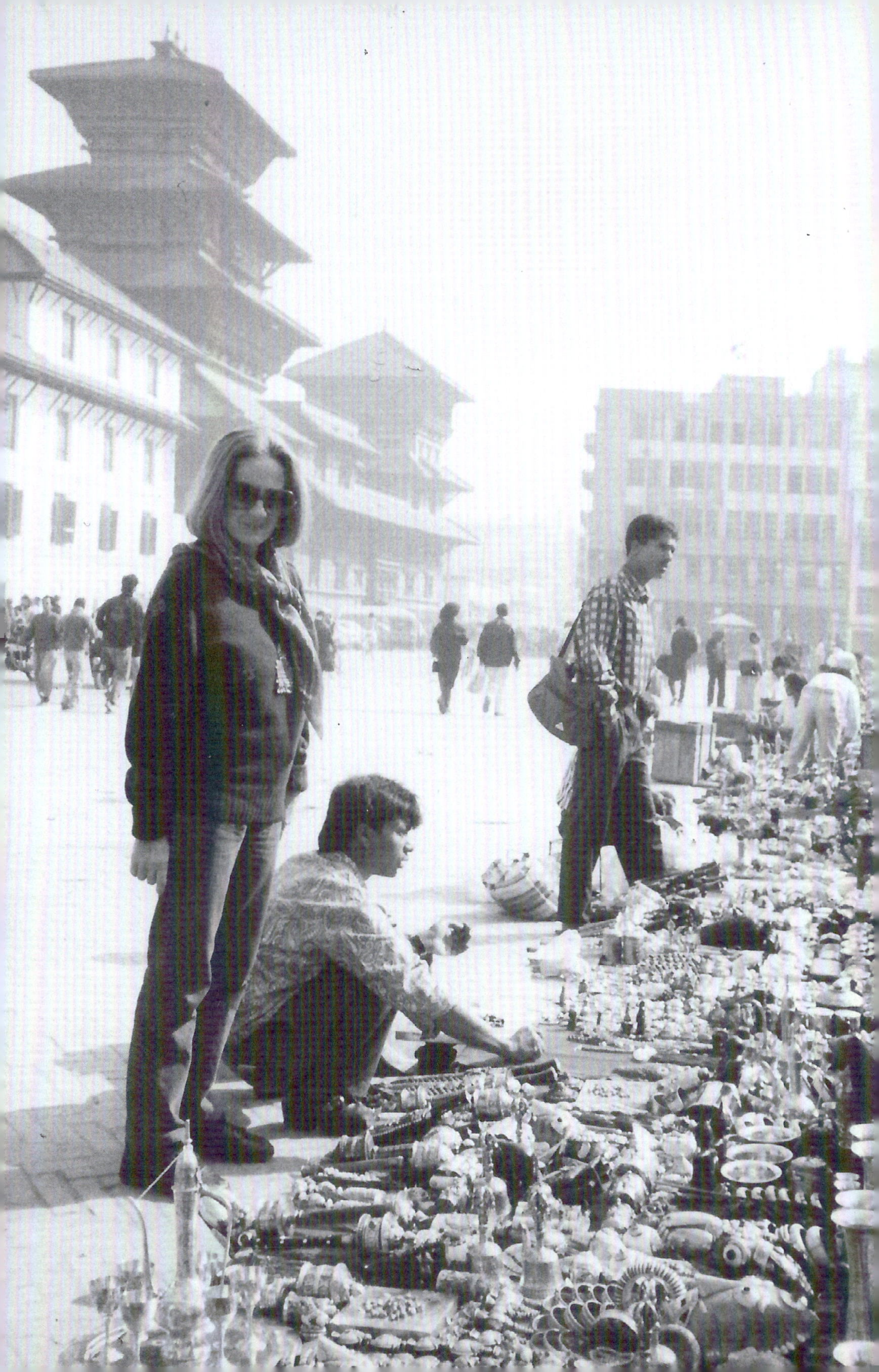

17

Mathilda, eu sou da geração que lia contos de fadas, o que na minha idade adulta continuei a pesquisar através das psicólogas junguianas. Essas pesquisas me levaram a explorar a atemporalidade dos mitos em minhas óperas multimídias, especialmente *Illud Tempus*. De onde vem isso? Talvez das histórias que ouvia minha avó contar e que incluíam as fábulas de La Fontaine, os irmãos Grimm, Júlio Verne, a mitologia grega e os grandes amores históricos e míticos. Uma das brincadeiras era decorar as dúzias e dúzias desses pares. Curioso, mas não me lembro de ela incluir Medeia. Talvez ela tivesse intuído que minha análise mais tarde poderia ser, no mínimo, controvertida, afinal, mesmo criança, ela já me chamava de niilista...

Assim, reuni as fábulas da minha infância, aquelas que ouvi e que me provocaram sonhos e pesadelos.

Será que a tia Otília existiu, ou foi uma encarnação da bruxa da estória de João e Maria? Já não sei mais e, insisto, me entristece não ter ninguém para perguntar.

Mas talvez seja melhor assim do que ouvir de minha mãe que tudo é invenção. E como saber, se ela provavelmente já não se lembrava mais?

Pouco a pouco se configurava a importância de minha mãe para minha formação artística. Ela transferia nessa relação toda a disciplina do generalato que recebeu de seu pai. As horas do estudo de piano eram sagradas e nunca tive férias sem que houvesse um piano para estudar aonde quer que nós fossemos.

Foi em uma viagem ao Rio de Janeiro com minha mãe e avó que, pela primeira vez, senti-me inebriada pelo ruído e pelo cheiro do mar, pela maresia, pelo mar que chegava com a brisa e me parecia infindo. Era verão e o planeta ainda não havia aquecido tanto... Ou, melhor, não se ouvia falar de aquecimento global.

Mamãe queria visitar sua avó paterna que estava com cancro (como se referiam ao câncer na época). Minha avó, que era doce e cordata, tinha, entretanto, opiniões firmes e não quis visitar a família, que tanto lhe fez sofrer. Ficou no hotel esperando por nós.

Mamãe me levou para uma breve e perturbadora visita à casa de seus avós, em Copacabana. Era uma velha mansão estranha, encoberta por cortinas pesadas e estofados cor de vinho, com um antigo piano de cauda *Blüthner*, móveis escuros, tapetes, porcelanas e muitas fotos emolduradas. Com persianas semicerradas, na penumbra, lá encontramos Cacate – minha bisavó e mãe do meu avô General –, uma anciã moribunda, e sua filha Siroba, uma mulher alta com cabelos avermelhados, coberta de xales coloridos, colares, pulseiras e anéis, mais parecendo um espantalho tentando assustar a morte. Sua voz possante ecoava no ar morno, abafado, impregnado de clorofórmio. O cheiro mesclado ao ar turvo estonteante me fez mergulhar nas histórias que ouvia sobre a mirabolante viagem de meus bisavós de camelo pelo deserto do Egito. Não resisti à curiosidade e tentei uma tímida pergunta, mas minha mãe fez que eu silenciasse. Nesse instante, tia Siroba pediu que eu tocasse alguma coisa para sua mãe. Hesitante, sentei-me ao piano e toquei dois prelúdios de Chopin. Uma cena bizarra que já nem sei se presenciei ou alucinei...

Ao sair de lá, minha mãe parou em uma farmácia e desinfetou minhas mãos com álcool... o que me deixou ainda mais impressionada.

Voltamos ao grande hall de nosso hotel no Flamengo, com piso de mármore, grandes lustres de cristal, espelhos venezianos e um piano de cauda. Algumas pesadas poltronas acomodavam os hóspedes de idade, que, sonolentos, liam jornal. Eu passava o tempo tocando piano para o deleite desses ouvintes, quem sabe até surdos... Mas meu prazer naquela viagem foi correr na praia, molhar meus pés nas ondas e encher o baldinho de água salgada para fazer montinhos de areia. À noite, meu prêmio era dormir no quarto da minha avó e sentir sua ternura ao acordar com o canto do bem-te-vi e a bandeja do desjejum com broa de milho quentinha e o cheiro de café com leite. Era um deleite!

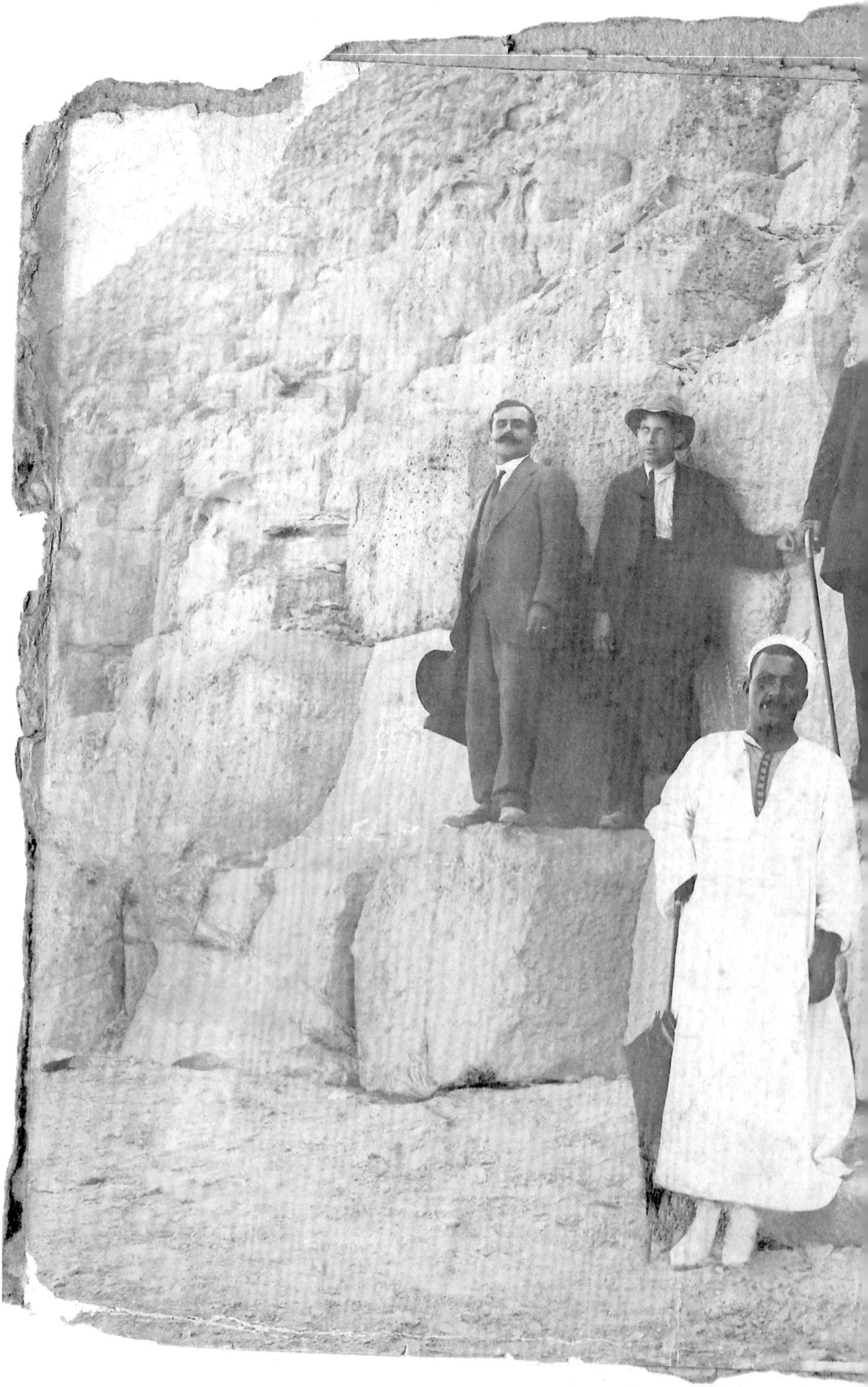

VRVŮ

VRVŮ

18

Em São Paulo, eu tinha 6 anos quando minha mãe me levou para uma audição com o maestro Camargo Guarnieri. Ele me pareceu um gigante, com um narigão amedrontador e que falava vorazmente e não admitia objeções. Depois de me ouvir e testar meu ouvido perfeito, sentenciou à minha mãe que me entregasse à sua tutela musical e em um ano ele me poria regendo uma orquestra no Theatro Municipal. Minha mãe e eu saímos assustadas e ela decidiu que seria demais para uma criança da minha idade.

Optou por levar-me para estudar piano com a mestra Alice Serva Pinto. Uma senhora com mais de 90 anos, com voto de pobreza, que foi professora de Guiomar Novaes. Eu me senti mais à vontade. Em Higienópolis, na mansão de três irmãs muito idosas e cultas, eu me tornei uma mascote, circulando no meio das antiguidades e correndo nos jardins. Depois da aula, eu passava um bom tempo ouvindo as histórias das irmãs e examinando dúzias de miniaturas de porcelana trancadas em uma vitrine Luis XV que adornava a sala.

    Já tocava um pequeno repertório todo de ouvido (Bach, Mozart, Beethoven, Chopin, Villa-Lobos), mas a mestra não se deu conta de que eu não sabia ler música. Em casa, minha mãe tocava e eu copiava, e assim nós nos tornávamos parceiras na fraude. O que importava era o resultado... Mas minha mãe começou a achar aquele ambiente muito acanhado e me inscreveu em um concurso para me apresentar no Theatro Municipal nas aulas de alta interpretação musical de Magdalena Tagliaferro. Fui aceita e, durante a tarde, enquanto eu tocava no palco do Theatro Municipal um pequeno recital com Mozart, Beethoven, Chopin e Villa-Lobos, minha professora ministrava uma aula em sua casa para um seleto público. Não resistiu e contou aos convidados que naquela noite havia sonhado comigo já moça, casando-me com o maestro Eleazar de Carvalho e sendo solista sob sua batuta. Soube disso anos mais tarde por uma de suas alunas que lá esteve e ouviu sua premonição. Devido ao sucesso de meu recital, ganhei uma bolsa para estudar com Magdalena Tagliaferro no Rio de Janeiro, com o que meus pais não concordaram.

Em seguida, minha professora morreu e minha mãe me arrastou ao seu velório. Lá chegando, fizeram-me olhar de perto a morte estampada no seu rosto levemente maquiado e no corpo coberto de flores. A sensação do beijo de despedida no contato de meus lábios com a pele gelada acompanhou meu imaginário por muitos anos. Hoje entendo que minha mãe me mostrava o mundo real ao expor uma criança a experiências traumáticas e insólitas.

Sem perder tempo, logo fui levada ao professor Kliass para continuar meus estudos de piano. Ele era um russo rude que imigrou para o Brasil, iniciando uma escola pianística muito ligada ao desenvolvimento da técnica, formando grandes pianistas. Era outro mundo, de muita disciplina, exigência e um tratamento duro.

O professor Kliass não acreditava muito na criatividade – o importante era seguir o programa pianístico por ele determinado. Com o tempo, passei a entender que a prioridade não era a música, e sim o pianismo. Certa vez, ao me passar uma Invenção de Bach, que estudei e levei de cor, aconteceu um incidente inusitado. Iniciei com uma nota errada, que me levou a tocar a Invenção em outra tonalidade. Ele foi surpreendido e demorou um pouco para perceber o que estava se passando. Quando se deu conta da execução em outra tonalidade, me descompôs e bateu grosseiramente na minha mão, dizendo que minha punição seria passar três meses sem tocar piano e apenas solfejando Bona. Saí chorando com um misto de decepção e raiva.

Sua falta de sensibilidade e percepção não lhe permitiram entender que uma criança havia demonstrado qualidade e ouvido para serem desenvolvidos, e não reprimidos. Isso se tornou um trauma difícil de vencer.

Mas, de certo modo, minha vivência dos russos em sua casa foi interessante como um pálido prenúncio: ouvir o idioma e sobre a cultura que mais tarde teriam muita influência na minha vida artística, com o meu importante convívio com Stravinsky, Vera Stravinsky, Nabokov, Olga Koussevitzky e tantos outros.

Ainda sobre piano, sempre o piano...

Minha terceira e mais marcante professora de interpretação pianística foi a mestra Marguerite Long, em Paris, que me fez penetrar no fraseado musical e no dedilhado minucioso que levava a ele. Enfim, no fazer música.

Sua sala sempre florida em seu apartamento, o piano com xales cobrindo parte dele, muitas fotos, muitas memórias da música francesa, sua participação na criação do *Concerto em Sol Maior*, de Ravel, seu mestre Fauré e a *Ballade*, que ela tocava como ninguém, além de Debussy com as primeiras audições que executou... Tudo isso se estendia a seus cursos públicos, em que nós tocávamos e ouvíamos sua crítica sábia e penetrante. Sua última visita ao Brasil foi impressionante pela sua idade já avançada, contando mais de 90 anos! Ministrou conferências no Rio de Janeiro e em São Paulo, nas quais eu ilustrei em condições bem especiais, pois estava amamentando meu filho Eleazar, que ficava na coxia à espera de sua mamada. Como sua aluna, com 19 anos fui apresentada por Madame Long a Charles Munch, que me convidou para tocar o Concerto de Ravel com a *Boston Symphony Orchestra*, em Tanglewood.

Mathilda, você conhece as musas que passaram pelo palco na minha ópera multimídia *Revisitando Stravinsky*?

Robert Craft também participou como personagem virtual, lendo a emocionada carta dele para mim, de 1971, contando da morte do mestre. Assim, eu também me tornei personagem no recorte de minha vivência de Stravinsky.

Robert Craft lê sua carta sobre a morte de Stravinsky para Jocy, vídeo.

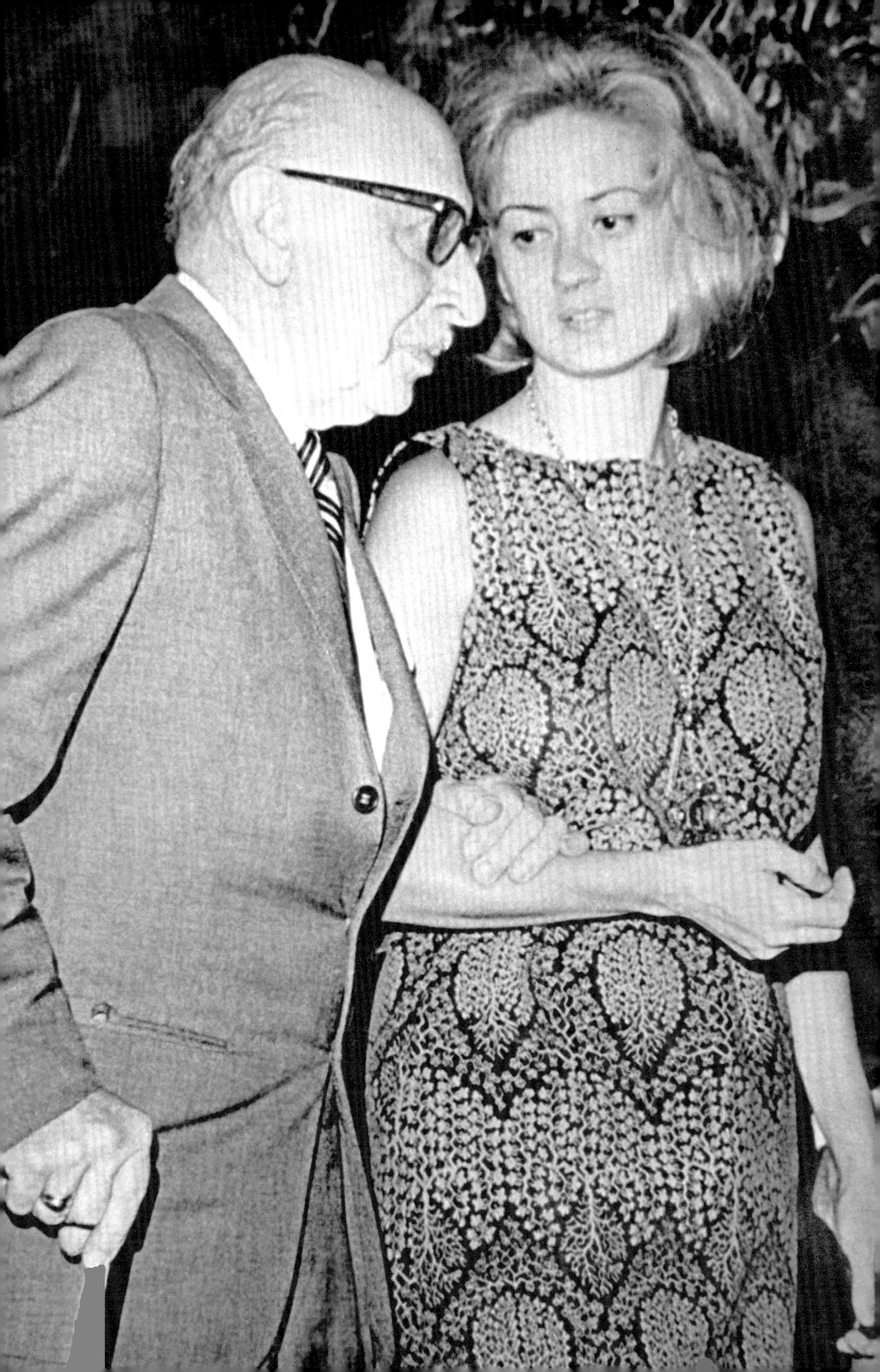

19

Mathilda, você, que viveu nos anos 1940 e morreu durante a diáspora que a levaria para a Palestina, poderá me ajudar no processo de desvendar o que se passaria na cabeça de uma criança de 7 anos ao ouvir sobre a guerra, estando em um território longínquo. Você sentiu de perto na Romênia o horror da Segunda Guerra Mundial, em relação à qual o Brasil, apesar de situar-se no Hemisfério Sul, tomou a corajosa decisão de se unir aos aliados.

Creio que as crianças podem pressentir a gravidade do momento. Pairava certa angústia, ansiedade e dúvida sobre o destino de cada um. Quando o alarme soava para treinamento, as janelas eram fechadas com cortinas de blecaute. No período escolar, formávamos, disciplinadas, uma fila e nos dirigíamos ao abrigo no porão do colégio.

Meu pai tentava me explicar um pouco sobre certas dificuldades e pequenas mudanças na nossa rotina, como o racionamento para que o Brasil pudesse enviar sua contribuição aos aliados que lutavam na Europa contra o nazismo – um conceito difícil de explicar para uma criança de 7 anos.

Nosso carro rodava com gasogênio, uma traquitana com grandes tubos em cima do porta-malas, parecendo uma fábrica ambulante. Na nossa casa, certos alimentos e bens também entravam no rol do racionamento, devido à guerra e à situação financeira de meu pai, com sua perda da colheita do café pela geada. Ir à Confeitaria Elite com minha avó comer merengue com chantilly era uma festa, mas somente para dias especiais.

E eu questionava quando estaríamos em um mundo sem guerra!

Minha mãe estava grávida e, dessa vez, passava bem. Foi de gasogênio para a maternidade parir minha irmã. Dia seguinte, levaram-me ao berçário para ver o bebê e me encantei com uma loirinha, mas meu pai me disse que a nossa era a outra, de cabelo cacheado preto. Cismei que ele podia optar pela que quisesse, assim como se escolhe uma boneca numa loja de brinquedos. E foi uma crise de choro e manha, como se estivesse sendo ludibriada. Mas ao voltar para casa, a manha já estava esquecida e substituída pela animação de ter Josely – um bebê na rotina familiar.

Um ano mais tarde, minha mãe sofreu uma gravidez extrauterina, que a abalou muito psicologicamente, e ela deixou por algum tempo de acompanhar meus estudos de piano e minha carreira musical.

Fiquei um pouco sem freio e aproveitava...

Uma festa no vizinho era uma festa diferente das que eu conhecia. Por quê? Porque era simples, sem formalidades, regras ou aparências. Acontecia no quintal, onde se misturavam jovens dançando, velhos e crianças, e até cachorro em volta de uma fogueira, na qual um pernil de leitão era assado.

De repente, a garotada sumia e se trancava em um quarto para brincar de dar injeção. Enquanto as meninas tiravam a calcinha e giravam para inspeção, os meninos eram os doutores que vinham examinar e dar injeção... algumas choravam, outras reagiam, outras se prestavam a ser pacientes e tudo acabava em briga.

Enquanto isso, no quintal, os adultos, na santa ignorância, cortavam as fatias do pernil, recheando o pão francês com muito molho à campanha.

Todos comiam tomando chope de barril, e eu também experimentei de tudo e saí de lá um pouco tonta, mas ainda lúcida para não contar à minha mãe que brinquei de médico, comi porco e experimentei o chope! Ela tinha ideias explícitas sobre alimentação, das quais porco e gordura eram excluídos... quanto mais a história da injeção... Ai de mim!

Um momento como outro qualquer, descontraído, mas sem imposições, em que diferentes gerações confraternizavam. Não me lembro de momentos como esse em nossa casa. Meus pais não se entendiam. Eram muito diferentes. Nós sofríamos, percebendo a infelicidade deles. Nunca fizemos um piquenique no campo, nunca caminhamos juntos ou jogamos algum jogo, e, geralmente, nas comemorações, sempre acontecia algo para ruir o prazer.

Foi aí que, aproveitando a pausa, voltei ao sonho de meu teatrinho na garagem. Tínhamos nos mudado, na mesma rua, para uma casa bem maior.

Finalmente meus pais aceitaram me dar um teatrinho em lugar da convencional casa de bonecas. Mandaram construir em nossa garagem esse pequeno teatro sobre cavaletes, com cenário do deserto e das pirâmides egípcias, cartaz no proscênio e duas luzes na ribalta. Eu mesma escolhi o cenário e escrevi a peça de estreia sobre a morte de uma árvore. Os figurinos foram feitos de papel crepom e o jardim se encheu de convidados e crianças. Minha dança egípcia introduzia a peça. Eu tinha cerca de 7 anos. Ao terminá-la, fiquei eufórica e pulei tanto na sala de visitas que quebrei o tampo de cristal redondo da mesa de frente ao sofá. Foi o limite, e minha mãe, já desanimada de como me educar (ou me treinar...), contratou uma psicanalista para me analisar, seguindo-me sutilmente na pracinha. Não entendo como, mas desconfiei que me achavam maluca e contei para a roda de amigas da minha mãe. E foi um basta na história. Minha mãe entendeu que devia me reprimir menos. Devo acrescentar que, na idade adulta, minha mãe tornou-se para mim uma interlocutora importante, com quem tinha boas conversas sobre música e literatura, além de ela estar sempre atenta a colecionar minhas conquistas.

Veja você, Mathilda, de onde vem, de tempos longínquos, a Mulher Árabe – tão sofrida – na qual você se converte em *Liquid Voices*: um curioso interesse pela natureza e pelo orientalismo que despontava e me acompanhou pela vida.

Mulher árabe, em *Liquid Voices*, segmento do longa metragem.

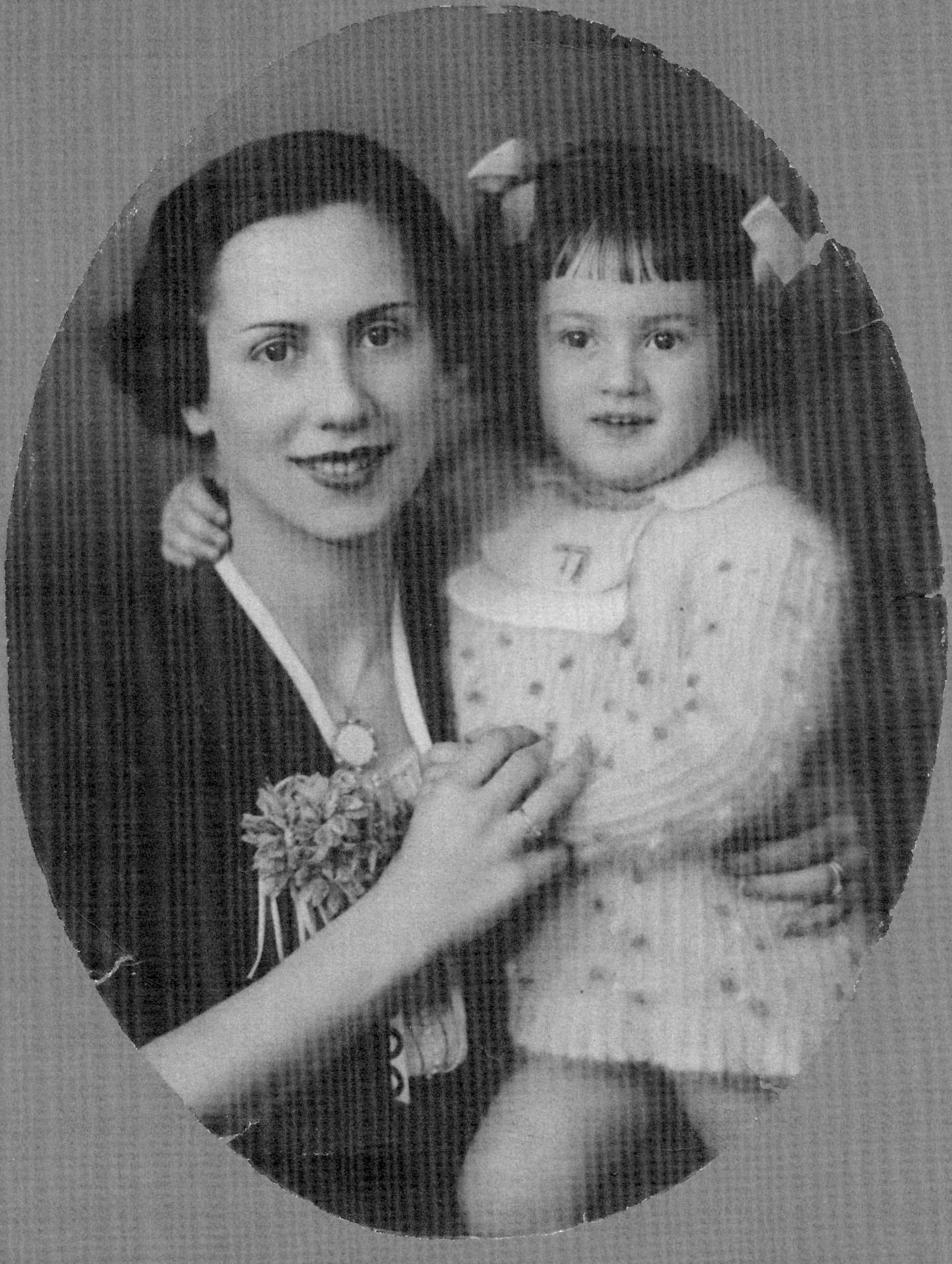

20

Hoje é difícil imaginar São Paulo como uma cidade mais humana e até mesmo bucólica. Mas já foi. Sempre pela manhã, ouviam-se os sininhos no pescoço das cabras pastoradas por um garoto. Corríamos ao portão com uma caneca para tomar o leite ainda quente que ele ordenhava ao parar em cada casa.

Passei a ter mais liberdade de brincar na rua e andar de bicicleta pelo bairro de Higienópolis, o que representava um enorme passo em direção a explorar o desconhecido.

Em um fim de tarde, éramos quatro amigas de bicicleta pela alameda Barros em direção à praça Buenos Aires. Em uma das travessas, passamos por um sobrado com janelas escancaradas e cortinas em cores, esvoaçantes, onde mulheres de quimonos floridos se debruçavam sobre o portal, chamando alguns poucos passantes. Ao nos verem, acenaram com refrigerantes e balas, convidando-nos a entrar.

Curiosas, tentadas pelas guloseimas, mas indecisas pela estranheza do local, penetramos a meia obscuridade de corredores com algumas portas fechadas e outras entreabertas, no interior das quais mulheres de combinação transparente se maquiavam em frente a penteadeiras ou se lançavam sensualmente ao leito.

Homens desaparecendo em quartos iluminados por lâmpadas amarelas e às vezes avermelhadas com paredes coloridas, descamadas. Sombras se esgueirando, gargalhadas, música de fundo. Um vaivém circulando, muita bebida e, sobre bandejas, umas caixinhas misteriosas.

Em um quarto, duas mulheres se beijavam – uma, de quimono japonês entreaberto, deixava transparecer parte de sua alva nudez de quem não via a luz do sol; a outra, negra, de cabelo afro, esparramada pela cama. Alguns homens gozavam.

Em outro aposento, dois homens velhos de terno e gravata acorrentavam à cabeceira da cama uma mulher com longos cabelos ruivos que cobriam seu corpo.

Quando passamos pela terceira alcova, quase desmaiamos de susto! Escoava um bafo morno com cheiro misto de incenso e inebriante perfume.

A penumbra envolvia uma iluminação amarela de submundo que projetava a sombra gigantesca de um homem vestido de casaca fumando um charuto. Com a braguilha aberta e o enorme pênis empinado para fora, ele se masturbava. Três mulheres nuas dançavam em volta dele.

Foi a primeira vez que me dei conta de que um pênis endurecia e fiquei surpreendida pelo "milagre".

Finalmente nosso pressentimento nos empurrou para fora, correndo em busca de nossas bicicletas! Somente anos mais tarde entendemos que inocentemente havíamos visitado um bordel e tivemos sorte de nada nos ter acontecido. Na puberdade os mistérios são outros, e o foco principal é a descoberta do sexo.

Mudamo-nos para uma casa grande no Jardim Paulista. As memórias desse período, entrando na adolescência, já não têm o fascínio de escavações na percepção infantil, mas, para mim, foi um período marcado pela força de revelações! Revelações que transformam, que constroem, que indicam caminhos decisivos para uma nova vida que se traceja.

Minha grande revelação aconteceu quando tinha 14 anos, ao ouvir pela primeira vez *Le Sacre du Printemps*, de Stravinsky, tocado pela Orquestra Sinfônica Brasileira, regida pelo maestro Eleazar de Carvalho, no Teatro Cultura Artística, em São Paulo. Naquela noite, foi definido o meu destino musical e a minha vida que aconteceria anos depois, em razão de meu casamento, aos 19 anos, com o maestro. Na mesma ocasião, também foi definido o destino de vocês, minhas personagens, que vieram a nascer bem mais tarde.

Com o início de minha adolescência, os quintais da minha infância vão se apagando, rareando-se e, pouco a pouco, tornando-se logradouros de uma vida.

Eu era pianista, mas estava determinada a ser também compositora, autora.

21

Você se lembra, Malibran, foram muitas as nossas apresentações em diferentes teatros. Algumas de nossas incursões e turnês foram acompanhadas de eventos muito exitosos, outros bizarros e outros até dramáticos. Quando estreamos em Darmstadt, devido à agenda apertadíssima do teatro de ópera, só pudemos entrar no palco às 8h da manhã para abrir a cortina às 20h. Tivemos 12 horas para a montagem do cenário, o ajuste das projeções e dos inúmeros microfones sem fio, a afinação de todo o sistema de som, com testagem, difusão e espacialização sonora, além do ensaio geral e, inclusive, das mudanças de inúmeros figurinos e do cenário virtual. A produção era complicada, e a equipe do teatro fez uma aposta de que não ficaríamos prontos a tempo. Mas às 20h, em ponto, a cortina se abriu e foi uma execução impecável, que nos valeu grande sucesso de público e crítica.

Optei a vida toda por não fazer alarde de problemas subjetivos, e vocês talvez não saibam muito sobre outras apresentações de minhas óperas, que muitas vezes foram marcadas por acidentes pessoais que pareciam me ser destinados.

Estávamos no Teatro São Pedro, em Porto Alegre, para apresentar *Cenas de uma trilogia*. No dia da estreia, durante o ensaio geral, caiu uma barra de ferro no palco, fraturando meu joelho. Fui levada para o hospital e o elenco quis cancelar a apresentação, mas os convenci a seguirem sem mim. E fiquei feliz com o resultado, mesmo sem assistir.

Já em Buenos Aires, no Teatro Avenida – uma miniatura do Scala de Milão, ideal para receber *As Malibrans* –, eu tive que ir de cadeira de rodas, devido aos três meses de recuperação dessa fratura na perna.

Os ensaios para a estreia de *Fata Morgana* no Museu de Arte Moderna do Rio de Janeiro, em 1987, foram marcados por uma dramática interrupção devido à descoberta de que eu necessitava de uma grave e urgente cirurgia. Imediatamente voei para Nova Iorque, onde morava naquela época, e chegando lá fui direto para o hospital, a fim de ser operada. Depois de 15 dias, ainda muito fragilizada, voltei e retomei os ensaios e a atribulada estreia.

E comecei a me dar conta do efêmero e da exiguidade do tempo em relação ao processo de criação. Comecei a me questionar sobre o que realmente era prioritário na minha vida. Um afã de criar me possuiu e não me deixou mais. O piano sofreu com isso, pois representava uma enorme fatia do meu tempo.

22

Diria hoje que venho sobrevivendo em se tratando dos percalços, infortúnios, acidentes e barreiras que precisei transpor. Você me pergunta: quais foram os ganhos?

A experiência, o amadurecimento, a consciência da finitude, do sentido do tempo, do equilíbrio, das prioridades, das escolhas, das realizações. E as perdas?

O olhar do outro sobre nós, que não inclui o respeito, a reverência, sobretudo pela mulher. O homem, com a idade, ainda pode se tornar um mestre, mas a mulher... continua discriminada.

Morei mais de 30 anos fora do Brasil, tendo vivenciado as décadas de 1960, 70 e 80 na Europa e nos EUA. Momentos marcantes na formação de uma jovem entre 20 e 30 anos. Sempre me identifiquei como alguém da década de 1960, 70. Pude ter contato com movimentos feministas, com a vanguarda e o experimentalismo artístico/cultural. Presenciei mudanças radicais do ponto de vista político e artístico, e tive uma convivência muito próxima com personagens singulares do universo musical, como Igor Stravinsky, Robert Craft, John Cage, Luciano Berio, Olivier Messiaen, Karlheinz Stockhausen, Lukas Foss, Claudio Santoro, Iánnis Xenákis, entre muitos outros.

Em referência à música contemporânea, pude acompanhar tanto o movimento experimentalista dos europeus como o vanguardista dos norte-americanos na condição de intérprete de vários dos grandes compositores daquele período, dos quais tive a honra de ser amiga. Considero-me bem-aventurada por essa imensa oportunidade que poucos jovens tiveram. Isso moldou meu gosto artístico, ofereceu-me alicerces incalculáveis para o futuro de minha trajetória, que se delineava. Vinha ao Brasil uma vez ao ano e mantinha minha atuação artística; assim, não escapei da experiência desastrosa da ditadura no país. Pude sentir na pele a repressão, o achatamento da cultura pelas leis da censura. Enquanto isso, vislumbrava no Hemisfério Norte o movimento catártico pelos direitos da mulher, das minorias, da sexualidade. Participar ativamente desses anos libertadores, dando concertos com inúmeras orquestras na Europa e nos EUA, executando obras escritas para mim e compondo naquele meio efervescente de descobertas foi marcante na minha vida. Foi também naqueles anos que o universo me premiou com amores e significativos acontecimentos na vida pessoal.

O casamento com o maestro Eleazar de Carvalho, marcado pela minha intuição desse destino, deu-me um único filho, Eleazar, com quem tenho a felicidade de ter uma relação muito amorosa.

Meu encontro com Luciano Berio exerceu uma influência na minha musicalidade e criatividade, e me introduziu a um novo

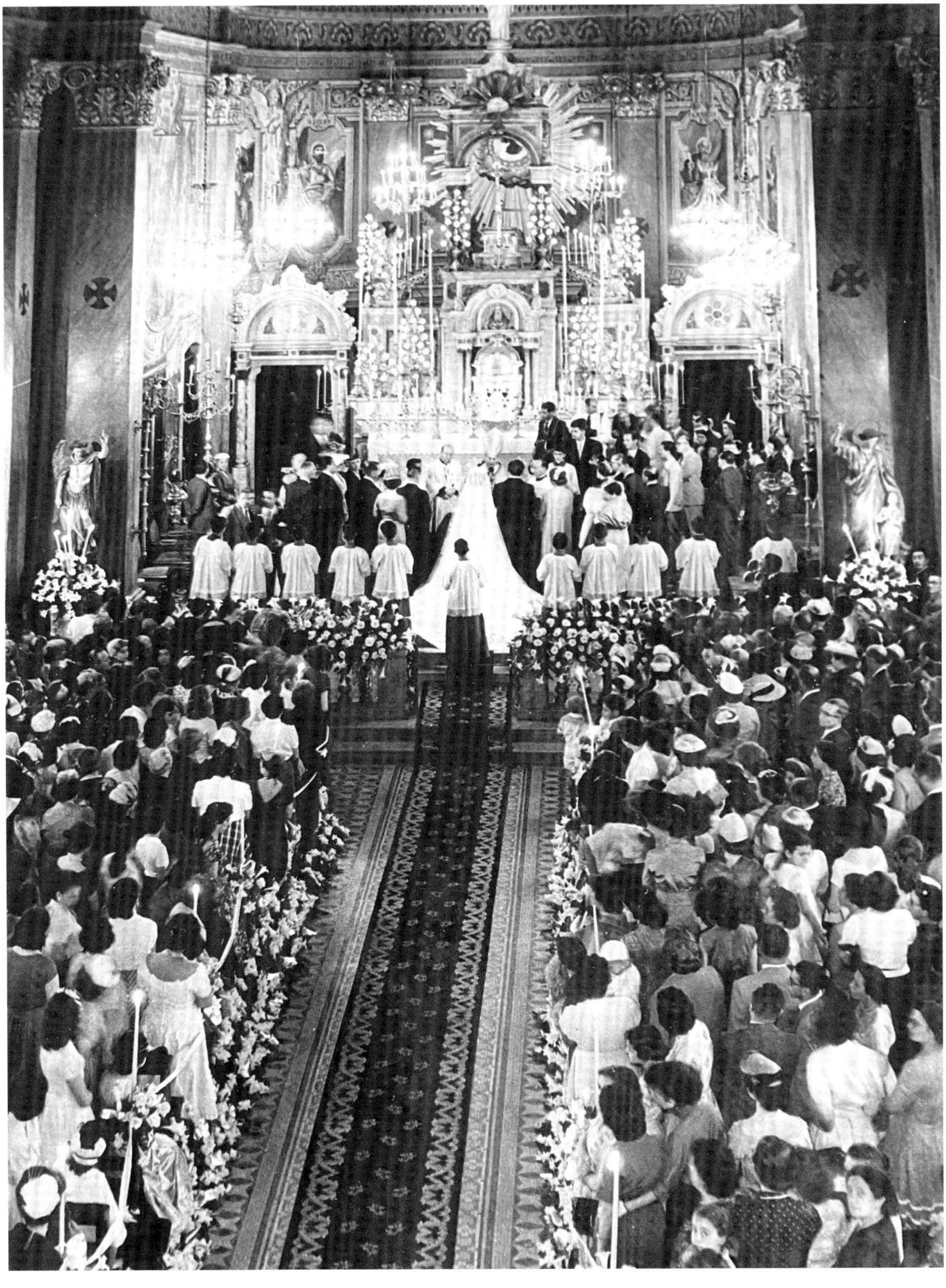

universo artístico, também marcante pela nossa paixão acompanhada de muito sofrimento.

    Por último, Fredrik representou o encontro com meu companheiro e o amor de uma vida. Ele me apoia, participa, estimula, está sempre presente para me salvar dos momentos de solidão, e assim continuamos juntos há mais de 50 anos. Fredrik é norueguês e nos conhecemos no México, no início dos anos 1970. De imediato, entendemos que era um amor determinante, que seria para sempre. Não éramos livres, ainda estávamos casados, mas somente no papel, e mesmo assim restava uma amizade. Fredrik era casado com Helen Escobedo, uma excepcional artista visual de origem mexicana e inglesa. Ela percebeu nosso amor mesmo antes de nós nos darmos conta dele. Ao conhecê-la, pouco a pouco desenvolvi por ela uma empatia e uma amizade que perduraram até o fim. Estávamos no Rio de Janeiro quando ela, no dia de sua morte, nos telefonou do México se despedindo. Foi um momento comovente e um relacionamento bonito, descompromissado e sem cobranças, no espírito dos anos 1970.

    Esse caminho traçado naqueles anos continuou sempre como uma bússola a me indicar o rumo. Rumo de uma jornada e do que queria de minha vida. Mas nem tudo foi felicidade, sucessos e realizações. A vida passou a me desafiar e a me impor acidentes dramáticos, e a morte me rondou várias vezes, além do sofrimento de uma grave e rara osteoporose, que tem me atormentado há mais de 20 anos. Essa condição me levou a inúmeras cirurgias para corrigir 16 fraturas, deixando 10 vértebras cimentadas, uma haste e parafusos de aço na perna esquerda, além de uma placa de titânio no braço direito. Embora tortuoso, continuei meu caminho.

Tive uma vida repleta de experiências, vivências, amores, encontros singulares, descobertas, revelações, música, acidentes, sofrimento e realizações. Aos poucos, vocês entenderão que sou uma sobrevivente e que somente meu companheiro, e um tanto meu filho, acompanham minha luta no dia a dia para conseguir me manter o mais ereta possível, olhando para frente.

Mathilda, nesse mundo passamos a vida fazendo as mesmas coisas, só que encontramos formas diferentes para nos expressar, às vezes mais complexas, às vezes mais simples (o que é mais difícil). Não digo que mudei radicalmente, apenas amadureci na busca de um crescimento psicológico, espiritual e criativo. Em várias etapas de minha vida, minhas peças, com o protagonismo de vocês, foram consideradas pioneiras por diferentes razões. Minha inquietação sempre optou pela invenção em lugar da rotina, e continuo na mesma busca, atualmente na concepção de filmes, ou melhor, óperas cinemáticas. Assim, hoje, creio que meu trabalho seja ainda mais ousado, ao integrar questões cinemáticas e teatrais. *Liquid Voices* – a sua história, Mathilda – prevê em uma linguagem cinemática, com roteiro em versão voltada para o espaço teatral, diferentes formas narrativas e a construção e desconstrução de significados.

Mas você já vai ficando na memória com a criação de meu novo longa – *Realejo de vida e morte* –, última e inacabada ópera cinemática pronta para ser filmada, ainda sem perspectiva concreta de financiamento. Flor, minha nova protagonista, está esperando a vez de nascer, mas parece que no país errado, onde nunca alcançará total reconhecimento.

E assim me despeço, minhas caras companheiras, com um aceno às crianças e uma volta aos quintais de minha infância.

23

Lá atrás, os adultos deixavam as crianças de fora como adornos ou transtornos. Agiam como se não existissem, achavam que crianças não veem, não entendem, não ouvem ou não têm opiniões. Mas não é assim, e eu de mansinho penetrava nos desafios dos primeiros sentidos – lá estavam os indícios dos questionamentos, as gêneses do que viria mais tarde. Lá encontro um espelho do desenrolar de minha vida. O acordar dos sentidos, das emoções, da percepção espacial, estética e da música pelo piano de minha mãe e pela flauta de minha bisavó, em uma visão do meu futuro como se fora um tempo quântico.

De relance, passaram por mim a dor, o medo, a tristeza, a descoberta, a solitude e até mesmo o vislumbre da morte. Mas falta ainda descobrir por lá a alegria contagiante do sorriso inocente, descompromissado. Talvez existisse ao pisar no orvalho das madrugadas geladas, como o jorro da geada que matava o café.

Por que eu terei encoberto esse começo por tantos anos, até de mim mesma? Não sei. O segredo se mantém enraizado nas entranhas do limiar de uma vida. Talvez tenha tido medo de desvendar a sorte que os ciganos quiseram me revelar, mas fugi.

Epílogo

Este livro já estava pronto para a programação visual quando resolvi procurar a única prima do lado materno ainda viva, mas com idade bem avançada. Pensei em checar com ela algumas dúvidas. Procurava saber se algo do que escrevera tinha um fundo de verdade, ou se era ficção. Saber se existiram alguns personagens de cuja existência eu não tinha certeza, ou se eram ficcionais. Afinal, quem eram? Eram fruto de minha imaginação?

Depois de mais de 60 anos, ligo para a prima Rosy, em Curitiba, que foi historiadora e com quem perdi totalmente o contato. Ela atende o telefone com uma voz firme, ainda na região médio-aguda, com vitalidade, um tom alegre, até mesmo jovial, fala, ri com exuberância.

Fui ficando cada vez mais animada, até mesmo eufórica, com a possibilidade de poder checar com alguém minhas alucinações autobiográficas. Tinha sonhado tanto em poder conversar com minha mãe ou avó sobre tudo isso... mas elas já se foram. De repente, apresentava-se a oportunidade que tanto ansiara. E a voz dela me lembrava a de minha querida avó.

Começo perguntando:

— A Otília existiu?

E ela responde prontamente:

— Claro que sim. Era tia Otília!

Eu me animo:

— E quem foi essa personagem?

— Ela era irmã da vó Elvira... mas era diferente, não foi educada como nós e veio de Guarapuava, assim, meio selvagem.

— E como era a pessoa? — insisto.

— Bem, pois ela fumava sem parar, meio excêntrica, andava de sandálias e mal vestida. Uma pessoa esquisita.

— Ela era lúcida?

— Mais ou menos. Ela contava umas histórias que não faziam muito sentido.

— E por que ninguém aceitava ela na família?

— Ora, pelo seu jeito... mas quando ela vinha almoçar comigo, falava pouco. No final, agradecia e ia embora. Era mansa. Não fazia mal a ninguém. — parecendo se referir a um animal de estimação...

— Então era uma transgressora?

Soltando uma risada:

— Agora você me pegou...

E eu devaneio... seria La Loba, vinda de Guarapuava, terra dos uivos dos lobos-guarás? Mas até aí, eu estava exultante por descobrir enfim a verdadeira história, e resolvi explicar melhor:

— Estou finalizando um livro com o título *Alucinações Autobiográficas*.

Ela responde animada:

— Que excelente título!

Eu me senti com confiança de continuar a perguntar:

— Você vive sozinha em uma casa grande?

— Hoje estou sozinha, mas a casa está sempre povoada de visitantes. Eles me fazem companhia, tomam um cafezinho comigo e me contam histórias.

— E a casa da bisavó Elvira, ainda existe?

— Pois claro, inteirinha. A rua mudou de nome, não é mais Aquidabã, tornou-se Emiliano Perneta. A casa ainda é a de número 702, e está abandonada.

Fico espantada:

— E a quem pertence?

Ela rindo, muito confiante:

— A nós. À família.

Nessas alturas, eu atravessara a fronteira... e penetrara o mundo livre dela, o mundo sem divisões... E arrisquei:

— Mas podemos visitar aquele quintal a cujo fundo abissal nunca me permitiam chegar? Será que encontraríamos a Otília?

Ela, estimulada:

— Pois quem sabe? Venha para Curitiba. Te pego no aeroporto e te levo para visitar a casa e o quintal, todo o quintal.

— Mas você ainda dirige?

— Não, eu nunca dirigi, mas pego um táxi.

Vou mais longe em busca de uma verdade, mas já começo a duvidar, que verdade? E me dou conta de que penetro um terreno insólito. Mas ainda pergunto:

— Gostaria muito também de saber se ainda está de pé a casa modernista no Batel em que moramos quando nasci.

— Claro que está, do mesmo jeito. Eu às vezes passo por lá, e também conheço o vizinho alemão.

Verdade, penso eu. Será o mesmo vizinho de quando eu era pequena e ganhava refresco de capilé de uma moça? Será que tudo está do mesmo jeito? Percebo que eu também gostaria de acreditar. E arrisco:

— Tenho também muita vontade de rever a casa dos bisavós, onde nasci.

Ela responde:

— Não sabia que nasceu lá. Eu também morei lá, assim como muitos da nossa família, como o Emilio e a Maria, você se lembra dela?

Eu respondo:

— Claro! Era uma mulher lindíssima, parecia a Catherine Deneuve.

— Pois ainda é. Eu a vejo pouco, às vezes ela vem almoçar comigo.

— Mas ela já morreu há muitos anos!

Que eu saiba teria hoje mais de 120 anos! Eu, a esse ponto, já estava inebriada pelo seu imaginário e sua vivacidade, quando ela continua:

— Que nada! Ela mora aqui em Curitiba. Está bem e me visita.

— Eu queria muito ouvir de você a verdade sobre alguns recortes de minha infância que parecem encobertos por uma nuvem. Às vezes, fico na dúvida se estou escrevendo uma ficção. Mas o que resta de verdade?

Ela:

— E que importa? Verdade ou não, quem sabe? E do Gerson, você se lembra?

— Sim, certamente. Ele morou uns tempos conosco em São Paulo. Morreu ainda moço, não?

Ela, negando veementemente:

— Não, ele está vivo e também mora por aqui. Nos vemos pouco, mas vem me visitar.

Tento sair desse imbróglio e voltar à prosaica realidade.

— Mas como? Sei que morreu há anos!

— Que importa morto ou vivo, as pessoas às vezes morrem e a gente nem sabe. Outras estão vivas e também não se sabe delas. Mas você, quem é mesmo? Lembro que, no Batel, quem vivia era a Jandyra.

Respondo:

— Pois então, era minha mãe.

— Ah! Então eu te conheço.

Desligo o telefone feliz de ter falado com uma voz do passado. Alguém que me ouviu sobre algumas de minhas incertezas ancestrais. Uma voz que respondeu ao telefone... Mas seria mesmo ela? Quem sabe... Parece-me que falei com uma voz do além-mundo e teria medo de ligar novamente... medo de quebrar a magia.

Penetrei no mundo dela, e ela aceitou minhas alucinações. Verdade? Se ela não se lembra, substituí pela imaginação.

Legendas das imagens

Fotografias de família e de obras da autora

p. 4
Jocy criança refletida no espelho. Acervo da autora.

p. 8, acima
Liquid Voices – A história de Mathilda Segalescu (2019), com Gabriela Geluda. Fotografia *still* do longa-metragem.

p. 8, abaixo
O mestre e a diva (2002), com Doriana Mendes e Malu Galli, Teatro Carlos Gomes – RJ. Foto de Silvio Pozatto.

p. 18
Inori à prostituta sagrada (1993), com Suzana Ribeiro, Araken Ribeiro e Marilena Bibas, CCBB – RJ. Foto de Guga Melgar.

p. 28
Jocy com 2 anos de idade. Acervo da autora.

p. 32
Avó Yaya – Evangelina Graciliana de Mattos Sounis (1892). Acervo da autora.

p. 34
Tataravô Francisco Pletz, pintura sobre chapa de metal datada de 24 jul. 1880. Acervo da autora.

p. 36-37
Desembargador Olavo Graciliano Wilkens de Mattos e Elvira Rocha Loures Pletz de Mattos (bisavós maternos), General Jorge Augusto Ribeiro Sounis e Evangelina de Mattos Sounis (avós maternos), Jandyra Sounis Carvalho de Oliveira (mãe) e Emilio de Mattos Sounis (tio), ainda crianças. Casa dos bisavós (1916). Acervo da autora.

p. 38
Apague meu spotlight (1961), com Fernanda Montenegro, Theatro Municipal – RJ.

p. 42
Luciano Berio e Jocy de Oliveira (1960), Tanglewood, EUA. Acervo da autora.

p. 49
Bisavó materna Elvira Rocha Loures Pletz de Mattos em fins de 1800. Acervo da autora.

p. 56
Instalação *Noturno de um piano* (2008), Oi Futuro – RJ. Foto de Calé Merege.

p. 60
Naked Diva (2001), com Katia Guedes, Hebbel Theater – Berlim, Alemanha. Foto de Matthias Martin.

p. 62
Edifício Carvalho Loureiro, situado à rua XV de Novembro, em Curitiba-PR. Antigo Palácio do Governo, onde foi assinada a comarca de Curitiba, em 1853, demolido para a construção do atual edifício, hoje tombado.

p. 66
Avó paterna, Julia Loureiro Carvalho de Oliveira, quadro a óleo do pintor norueguês Alfredo Andersen, datado de 1894.

p. 69
Illud Tempus (1994), com Marilena Bibas, Parque Lage – RJ. Foto de Guga Melgar.

p. 78-79
Casa modernista onde Jocy nasceu, Curitiba-PR. Acervo da autora.

p. 84-85
Pai, Jayme Loureiro Carvalho de Oliveira (1930), Fazenda Carvalhópolis – PR. Acervo da autora.

p. 89
General Jorge Augusto Ribeiro Sounis e Evangelina de Mattos Sounis (avós maternos) com os filhos Jandyra Sounis Carvalho de Oliveira (mãe) e Emilio de Mattos Sounis (tio), ainda crianças (1916). Acervo da autora.

p. 101
La Loba (2014), com Gabriela Geluda, Recife-PE. Foto de Virtuosi – Flora Pimentel.

p. 102
Colégio Des Oiseaux, São Paulo-SP, fundado em 1901 e demolido em 1974.

p. 110-111
Isfahan, Irã (abr. 2019). Foto de Elliot de Carvalho.

p. 116
Fredrik Kirsebom e Jocy em Madurai, Índia (1992). Acervo da autora.

p. 117
Jocy em Bhaktapur, Nepal (1992). Foto de Fredrik Kirsebom.

p. 122-123
Bisavós maternos Joseph Maurice Leon Sounis e Maria Candida Ribeiro Sounis [Cacate] (c. 1890), Egito. Acervo da autora.

p. 127
Jocy criança em seu primeiro recital (1940), São Paulo-SP. Acervo da autora.

p. 129
Jocy solista com a Boston Symphony Orchestra, regência de Eleazar de Carvalho (1956), Tanglewood, EUA. Acervo da autora.

p. 131
Jocy com Igor Stravinsky em um terreiro de Umbanda (1963), Rio de Janeiro-RJ. Acervo da autora.

p. 137
Jocy criança no colo da mãe, a poeta Jandyra Sounis Carvalho de Oliveira (1938). Acervo da autora.

p. 142
Kseni – A estrangeira (2005), com Helena Varvaki, Sesc Pinheiros – SP. Foto de Fabio Cancela.

p. 146
Medea Solo, com Gabriela Geluda, Sesc Pinheiros – SP. Foto de Calé Merege.

p. 149
Casamento de Jocy com o Maestro Eleazar de Carvalho (1954), Igreja Coração de Jesus, bairro Campos Elíseos, São Paulo-SP. Acervo da autora.

Legendas dos QR Codes

p. 22
Medea Ballade, em *Kseni – A estrangeira*, segmento da ópera.
Com Gabriela Geluda (soprano/atriz), Marilena Bibas (atriz), Peter Schuback (cello), Paulo Passos (clarone), Aloysio Neves (guitarra elétrica), Daniel Serale (percussão).
https://youtu.be/ibPj99Igkec?si=XcS0KRjynkuvE1fY

p. 35
Wassergeschrei, em *Liquid Voices*, segmento do longa-metragem.
Com Gabriela Geluda (soprano), Luciano Botelho (tenor), Rodrigo Cicchelli (flauta), Paulo Passos (clarone), João Senna (viola), Peter Schuback (cello), Siri e Joaquim Abreu (percussão), meios eletroacústicos.
https://youtu.be/Nysi3W1leUY?si=ai1EfRmUHdP2oOT3

p. 44
Apague meu spotlight, em *Berio sem censura*, segmento música-vídeo.
Com Gabriela Geluda, vozes de Fernanda Montenegro e Sérgio Britto em 1960, meios eletroacústicos.
https://youtu.be/q_eUSV2zOBg?si=NvBsKh975BOs4nng

p. 60
Naked Diva, em *As Malibrans*, segmento da ópera.
Com Katia Guedes (soprano), meios eletroacústicos.
https://youtu.be/tyu_2KdxogQ

p. 73
Who cares if she cries, segmento música-vídeo.
Com Marina Considera (soprano), Orquestra Camerata SESI-ES.
https://youtu.be/Mcdc79qN4SI?si=QypkLNxc8xVtSMfG

p. 100
La Loba, em *Illud Tempus*, segmento da ópera.
Com Marilena Bibas e Paulo Passos, meios eletroacústicos.
https://youtu.be/LUVZxM3OeS4

p. 130
Robert Craft lê sua carta sobre a morte de Stravinsky para Jocy, vídeo.
https://youtu.be/SgGd13QGgqE?si=cqdJiAvZ6PrxGWzA

p. 136
Mulher árabe, em *Liquid Voices*, segmento do longa-metragem.
Com Gabriela Geluda (soprano), João Senna (viola), Peter Schuback (cello), Aloysio Neves (guitarra elétrica), meios eletroacústicos.
https://youtu.be/eKaspZpCxck?si=guqCDV__XrszG6KO

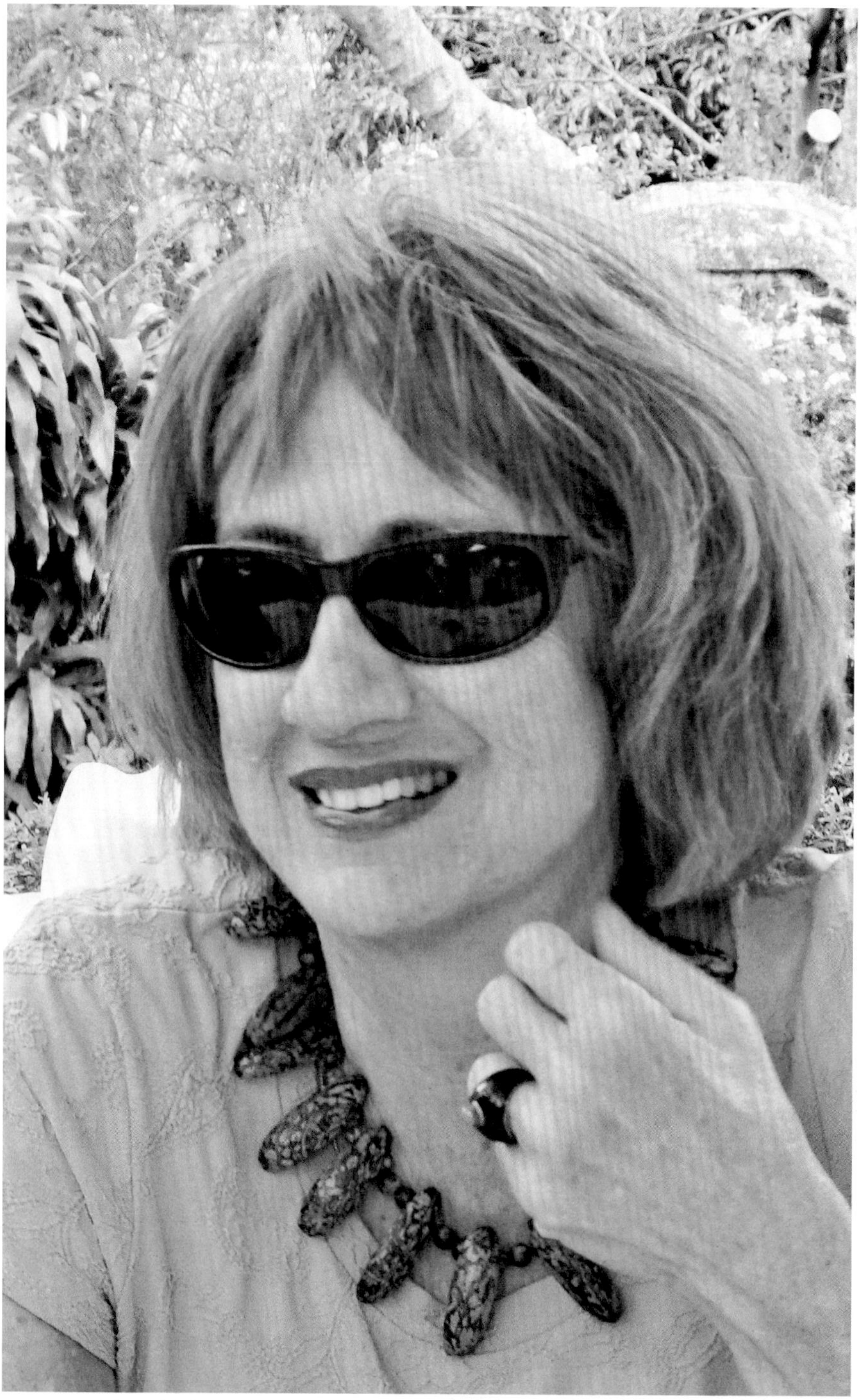

Sobre a autora

Jocy de Oliveira é compositora, pianista, escritora, cineasta, diretora e artista multimídia. Reconhecida no Brasil e internacionalmente entre as pioneiras da música eletroacústica e da arte multimídia, por décadas sua produção abrange música, teatro, texto, instalação, vídeo e cinema. Sua música vem sendo apresentada em teatros e festivais nas Américas, na Europa e na China. Como compositora e pianista, gravou mais de 30 discos no Brasil, nos EUA, no México, na Inglaterra, na Alemanha e na Itália. Teve a honra de ser solista sob a direção de Igor Stravinsky e de ter executado primeiras audições de Luciano Berio, John Cage, Iánnis Xenákis e Claudio Santoro, além de ter gravado a obra pianística de Olivier Messiaen. É autora de oito livros, publicados no Brasil, nos EUA e na França. *Diálogo com cartas* recebeu o Prêmio Jabuti em 2015 na categoria "Arquitetura, Urbanismo, Artes e Fotografia" e foi editado na França pela Honoré Champion. Além de numerosos vídeos, compôs, escreveu o roteiro e dirigiu suas dez óperas multimídias, apresentadas no Brasil e em diferentes países, distribuídas pelo selo Naxos International. *Liquid Voices – A história de Mathilda Segalescu,* um longa-metragem concebido simultaneamente em linguagem teatral e cinemática entre os anos de 2017 e 2019, foi premiado em onze festivais de cinema, em Londres, Nice, Madri, Varsóvia, Antuérpia, Nazareth (Israel), Nova Iorque e Santiago. Premiada pelas fundações Guggenheim, Rockefeller, entre outras, Jocy recebeu o título de Doutora *Honoris Causa* pela Universidade Federal do Rio de Janeiro. É membro da Academia Brasileira de Música e mestre em Artes pela Washington University Saint Louis – EUA.

www.jocydeoliveira.com
www.youtube.com/jocydeoliveira

Outras publicações da autora

O 3º Mundo
São Paulo: Melhoramentos, 1959.
Capa e ilustrações de Flavio de Carvalho.

Apague meu spotlight
São Paulo: Massao Ohno Editora, 1961.
Capa e ilustrações de Acácio Assunção.

Dias e caminhos, seus mapas e partituras/
Days and Routes through Maps and Scores
Rio de Janeiro: Record, 1983.
Co-edição bilíngue inglês-português (Lingua Press, EUA).
Projeto gráfico de Jocy de Oliveira.

Inori à prostituta sagrada
Rio de Janeiro: Spectra, 1993.

Diálogo com cartas
São Paulo: SESI-SP Editora, 2015.
Prêmio Jabuti na categoria "Arquitetura, Urbanismo, Artes e Fotografia".

Além do Roteiro – Liquid Voices: a história de Mathilda Segalescu/
Beyond the Script – Liquid Voices: the Story of Mathilda Segalescu
São Paulo: Editora Faria e Silva, 2019.

Realejo de vida e morte – Um roteiro de Jocy de Oliveira &
Realejo dos mundos – Um romance de Adriana Lisboa
Belo Horizonte: Relicário, 2023.

© Jocy de Oliveira, 2024
© Relicário Edições, 2024

Dados Internacionais de Catalogação na Publicação (CIP) de acordo com ISBD

O48a

Oliveira, Jocy de

Alucinações autobiográficas / Jocy de Oliveira; prefácio por Luciana Medeiros. – Belo Horizonte: Relicário, 2024.

172 p. ; 15,7 x 23 cm.
ISBN 978-65-89889-96-0

1. Oliveira, Jocy de – Compositora, pianista e escritora brasileira – Autobiografia. 2. Oliveira, Jocy de – Ópera – História e crítica. I. Medeiros, Luciana. II. Título.

CDD: 920.91
CDU: 82-94

Elaborado pelo bibliotecário Tiago Carneiro – CRB-6/3279

Índice para catálogo sistemático:
1. Autobiografia   920.91

COORDENAÇÃO EDITORIAL Maíra Nassif Passos
EDITOR-ASSISTENTE Thiago Landi
CONCEPÇÃO EDITORIAL Jocy de Oliveira
DIAGRAMAÇÃO maraca.rio.design
CAPA Estúdio Drama
FOTO MONTAGEM PARA CAPA E TRATAMENTO DE IMAGENS
Gabriel Michaels de Carvalho
PREPARAÇÃO Claudia Helena Alvarenga & Maria Fernanda Moreira
REVISÃO Thiago Landi
REALIZAÇÃO Spectra Produções

/re.li.cá.rio/

Rua Machado, 155, casa 1, Colégio Batista | Belo Horizonte, MG, 31110-080
contato@relicarioedicoes.com | www.relicarioedicoes.com
relicarioedicoes   relicario.edicoes

1ª edição [2024]
Esta obra foi composta em Freight Text Pro e Freight Sans Pro e impressa
sobre papel couchê fosco 150 g/m² para a Relicário Edições.
Impressão Pancrom gráfica